# 稳中求进踏新程

## 国网江苏电力创新实践案例集 2

国网江苏省电力有限公司管理培训中心 编

中国电力出版社
CHINA ELECTRIC POWER PRESS

## 内 容 提 要

在建设具有中国特色国际领先的能源互联网企业的进程中，国网江苏省电力有限公司形成了先进的发展理念、管理经验和技术方法。本书是“国网江苏电力创新实践案例集”系列图书之一，共收录18篇精品案例，来源于“国网江苏电力青年干部人才培养项目”，分为“安全生产”“党建引领”“电网建设”“管理提质”“能源服务”五大模块，在还原案例真实情境的基础上，从理论的高度对具体实践进行了提炼和复盘，对实际工作具有指导意义。

本书内容丰富、可读性强，读者通过案例实践中的先进经验和技术应用，可以切实提高知识技能。本书适合于能源电力行业从业者参考使用。

**图书在版编目（CIP）数据**

稳中求进踏新程：国网江苏电力创新实践案例集．2／国网江苏省电力有限公司管理培训中心编．—北京：中国电力出版社，2020.11

ISBN 978-7-5198-5003-6

Ⅰ．①稳…　Ⅱ．①国…　Ⅲ．①电力工业－工业企业管理－创新管理－案例－江苏　Ⅳ．①F426.61

中国版本图书馆CIP数据核字（2020）第181901号

出版发行：中国电力出版社
地　　址：北京市东城区北京站西街19号（邮政编码100005）
网　　址：http://www.cepp.sgcc.com.cn
责任编辑：曹建萍（010-63412418）
责任校对：黄　蓓　李　楠
装帧设计：张俊霞
责任印制：吴　迪

印　　刷：北京瑞禾彩色印刷有限公司
版　　次：2020年11月第一版
印　　次：2020年11月北京第一次印刷
开　　本：710毫米×1000毫米　16开本
印　　张：17.25
字　　数：226千字
印　　数：0001—1000册
定　　价：98.00元

# 稳中求进踏新程
## 国网江苏电力创新实践案例集 2
## 编　委　会

**主　编**　张　强

**副主编**　张义奇　侯　俊　赵　军　严颖华　朱　进

**参　编**　吴　俊　周　权　刘春苓　薛　华　王　朴　黄　珊　陆　舒
潘　伟　袁嫣红　陈江华　戴　阳　刘　巍　邓洁清　单光瑞
崔　玉　任旭超　刘海东　褚国伟　王　力　杜志佳　戢李刚
王晓瑜　王　宁　姜中华　刘　强　丁思敏　姜　华　刘晓东
罗　慧　陆圣芝　潘瑞瑞　张　飚　韩向荣　刘　成　白少锋
俞娜燕　李向超　王　莉　黄　倩

# 序 言

国网江苏省电力有限公司（以下简称国网江苏电力）是国家电网公司系统规模最大的省级电网公司之一，现辖13个市、53个县（市）公司及10余个科研、检修、施工等单位，服务全省4000多万电力客户。拥有35kV及以上变电站3240余座、输电线路10.2万km，电网规模超过英国、意大利等国家。电压合格率、电网抵御风险能力达到国际先进水平。当前，江苏电网已进入特高压、大电网、高负荷时代。

2019年，江苏全社会用电量突破6000亿kWh，达到6264亿kWh，同比增长2.22%；公司完成售电量5421亿kWh，同比增长2.34%。全省调度最高用电负荷创历史新高，达到10716万kW。完成固定资产投资353亿元，投产110kV及以上线路3312km、变电容量2693万kVA；实现营业收入3258.55亿元，利润61.51亿元；资产总额3105亿元。业绩考核连续8年保持国家电网公司系统A级第一名。

在建设具有中国特色国际领先的能源互联网企业的进程中，国网江苏电力形成了先进的发展理念、管理经验和技术方法。国网江苏省电力有限公司管理培训中心（以下简称国网江苏管培中心）作为国网江苏电力高级管理人才、专业管理人才培养的主阵地，在各级各类管理人才培养项目中积极开展案例开发工作，萃取组织智慧，传播实战经验，沉淀组织内部优秀的创新实践，此项工作的开展不仅服务国网江苏管培中心案例教学、人才培养，更是将宝贵的组织智慧和经验传播到全国、全行业，以供行业内外互相交流与学习，共同成长与发展。

本书属于“国网江苏电力创新实践案例集”系列书之一，共收录18篇精品案例，来源于“国网江苏电力青年干部人才培养项目”，分为“安全生产”“党建引领”“电网建设”“管理提质”“能源服务”五大模块。

在案例呈现方面，本书不仅原汁原味地再现了案例发生时的真实情境，也有当事者亲历后的系统反思和启示，更从理论的高度对具体实践进行了提炼和复盘。可以说，本书的每一篇案例都是一堂生动的实战课程，每一幕场景都有国网江苏电力人似曾相识的点点滴滴，希望对您有所启示和帮助。

本书在编写过程中得到国网无锡供电公司汪洪明、严慧，国网常州供电公司王安庆、姚金言，国网镇江供电公司孟学阳，国网泰州供电公司王华林几位同志的关心、支持、帮助，在此向他们表示深深的谢意！

因时间紧张，水平有限，本书可能存在不少疏漏与不当之处，诚恳期待读者赐教、指正。

2020年9月

# 目录

# CONTENTS

## 序言

## 01 安全生产篇

# 05

# 能源服务篇

# 01 安全生产篇

PART 1

# 科技引领　推动基建改革措施有效落地
## ——生产实时管控平台的开发与应用实践案例

**所属类别：**

安全生产

---

**案例摘要：**

本案例描述了江苏省送变电有限公司（以下简称江苏送变电公司）为进一步加强输变电工程现场作业实时管控，提高施工生产管理效率，充分分析施工现场管理实际和各级管控需求，历时两年自主研发了生产实时管控平台。该平台充分利用地理信息系统、移动互联网、大数据等信息技术，实现了项目管理关键信息实时展示、安全质量在线监督、风险管理全过程控制、重大机具装备动态跟踪等多项功能。平台目前已在项目管理实践中成功应用，有效促进了施工现场的规范管理，提高了施工生产管控整体水平，并为基建改革配套措施有效落地提供了先进实用的信息化支撑。

---

**案例关键词：**

基建改革　施工生产　管控平台　信息化

# 案例背景

## （一）背景信息

长期以来，作为劳动密集型的输变电工程施工行业一直表现出点多面广，作业风险高，劳动强度大，现场管控难等特点。2000 年以来，施工分包逐渐成为项目建设的重要组织方式，然而，以包代管、关键点作业管控不到位等分包管理的问题也逐渐凸显。2016 年“11·24”丰城电厂事故，2017 年国家电网公司发生“5·7”“5·14”输变电工程人身伤亡事故，给电力施工企业再次敲响了警钟，加强现场管控，提升本质安全刻不容缓。

2017 年以来，国家电网公司强力推行“深化基建队伍改革、强化施工安全管理”12 项配套措施，旨在从体制机制上解决送变电施工企业“空壳化”“贵族化”“以包代管”等问题，夯实基建管理基础，提高施工核心竞争力，提升本质安全水平。

江苏送变电公司深刻领会国家电网公司基建改革要义，全面梳理公司施工队伍以及管理现状，对照 12 项配套措施，完善制定了一系列管理制度，并从人员配置、岗位培训、过程管理、考核激励、劳务分包等方面，全方位推动措施落地。抓住关键人，管好关键点，是施工企业落实配套措施的核心要求。

江苏送变电公司生产实时管控平台 2016 年 10 月正式运行。为适应基建改革配套措施落地需要，经过多次优化调整，简化操作流程，增强实用性和统计分析功能，做到能用、好用、有用。目前手机终端用户达 600 人，线上在建项目 40 项，基本与现场实际保持同步。该平台实现了项目管理关键信息实时展示、安全质量在线监督、风险管理全过程控制、重大机具装备动态跟踪等多项功能，为配套措施有效落地提供了先进实用的信息化支撑。

## （二）人物信息

本案例涉及多个部门，关联部门如图 1 所示。

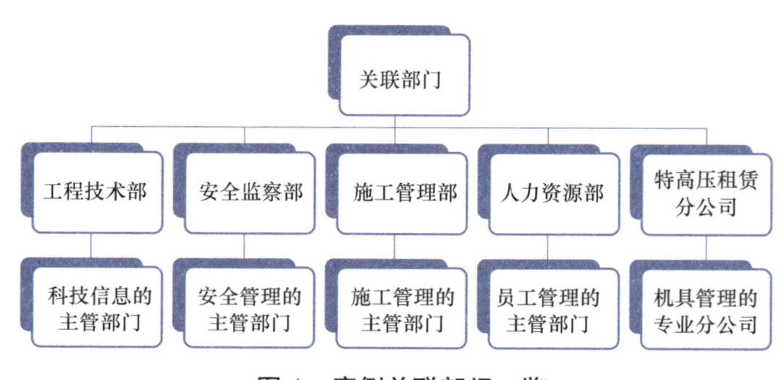


**图 1　案例关联部门一览**

工程技术部：科技信息的主管部门，“双创”领导小组办公室，生产实时管控平台开发项目牵头部门。部门主任陈江华，项目负责人，具有多年施工一线管理经验，深刻领会国家电网公司基建改革配套措施核心要求，思维活跃，具有较强的组织协调能力。专职高锋，项目实施人，长期从事计算机网络管理工作，熟悉最新的互联网系统开发技术，具有较强的创新意识和项目管理素质。

安全监察部：安全管理的主管部门。主任付殿坤，具有丰富的项目管理和安全管理经验，非常支持项目的开发与应用工作。专职徐子鹏，熟悉基建改革配套措施，参与项目开发工作。

施工管理部：施工管理的主管部门。主任赵冬，熟悉基建改革配套措施，具有丰富的项目管理经验，非常支持项目的开发与应用工作。专职杨家龙，参与基建改革配套措施试点工作，具有丰富的项目管理经验，参与项目开发工作。

人力资源部：员工管理的主管部门。主任徐怀宇，具有丰富的员工管理和培训工作经验，为项目开发提供了大力支持。

特高压租赁分公司：机具管理的专业分公司。总工程师徐扬，具有较强的创新能力，积极参与项目开发和应用。

## 案例内容

### “安全大讨论”提出科技兴安重要举措

2015 年 3 月，江苏送变电公司组织了一次“安全大讨论”活动，各层各级广泛参与，围绕安全生产主题开展了为期一个月的大讨论，全面分析了安全形势和安全管理中的问题，积极为提升安全管理献计献策。

“现在，施工现场管理的人员越来越紧张，标准化管理的要求越来越高，临近带电、跨越高铁等高风险作业也越来越多，安全风险管控的压力越来越大啊！”施工一线的一位项目经理在一次讨论会上提出。安监部负责人对此也道出了苦水：“各层各级都应履行好安全管理职责，重点是管住现场。当前，输变电工程点多面广，而管理资源有限，如何能管控到位？”时任江苏送变电公司总经理的邵丽东指出，“新国家安全生产法已经正式施行了，我们要坚持以人为本、安全发展，任何时候绝不能以牺牲安全为代价。要坚持科技兴安，加强创新思维、互联网思维，充分研究传统管理模式下安全管理难题，大胆创新，寻找破解之策。”

在邵总讲话精神的启发指导下，“互联网 + 生产管控”的构想迅速在广大管理者中得到共识。一周后，公司再次召开会议，专题讨论“互联网 + 生产管控”，通过头脑风暴，探索互联网新技术在施工生产中的应用场景，生产实时管控平台开发项目正式启动。

## 多方调研需求，研究制定互联网技术融合策略

2015 年 5 月，公司成立生产实时管控平台项目团队，工程技术部负责牵头。项目团队坚持问题、目标、结果导向，全力推进项目开发工作。在需求调研阶段，项目团队深入基层项目部和施工班组，组织召开了数次研讨会，分类整理出项目进度管理、人员管理、安全管理、质量管理、机具管理等各项需求。项目团队充分分析研究，整合需求，结合先进的互联网技术，重点制定了以下四个方面的开发策略。

### 1.GIS 地图和移动互联网技术融合应用

借助 GIS 地图和现场坐标直观展示输变电工程地理位置、线路走向、杆塔状态。利用手机 APP 移动互联网技术，实时传输数据信息，计算机后台、展示大屏同步更新，并通过 GIS 地图展示工程最新状态。通过 4G 移动互联网技术，实时抓取人员、设备动态，借助电子围栏应用，实现了人员到岗到位提醒监督和设备跟踪。

### 2. 利用规则设置预警推送功能

在关键环节设置预警推送规则，确保重要信息提前告知相关责任人。如：风险确认后，系统自动将风险实施计划和预控措施推送给项目经理选取的现场负责人，反复提醒警示，保证风险防控到位；设备运行接近临界值时，发出预警，提醒机械操作人员停机检查，保证设备安全运行。

### 3. 标准化要求渗入关键管控环节

在使用手机传输数据时，系统自动推送标准工艺或措施，指导现场管理。如：在安全质量多媒体功能模块，系统提供标准工艺和安全文明施工标准化的文字或照片，用作参考；在风险管理过程中，不同风险的预控措施可随时

查看，用作指导现场的安全管控。

### 4. 增强报表统计功能，提高数据利用率

各类报表设计直接引用固定格式，充分利用管控平台的数据统计汇总优势，自动生成各类报表初稿，只要经过简单编辑就可完成，如：工程进度表、工作周报、风险周报、人员报备表、设备一览表等。从多个角度进行数据统计，以柱状图、环形图等形式展示，不同字段用不同颜色区分，简洁直观。点击图形不同区域，可链接到相应的数据报表，操作方便。

## 历时一年，生产实时管控平台正式上线运行

明确了目标和总体策略，项目团队迅速投入实质性开发阶段。项目团队抓住了输变电工程管理中基本信息、进度、人员、风险、质量、机具等核心要素，开展功能模块设计，厘清各类数据间的逻辑关系，明确用户权限，不断优化界面操作和显示方式。

比如输电线路工程在数据关系处理时就遇到了大难题。线路施工分基础、立塔、架线三个阶段，基础、立塔工程量以单个铁塔为统计单元，而架线施工以数个铁塔形成的耐张段为统计单元，同时要求三个阶段之间需要建立进度管理上的先后逻辑关系，给数据结构的设计增加了不小的困难。项目团队经过多次讨论，充分考虑现场施工专业管理的实际，不断优化数据模型，最终设计出了一套逻辑清晰、简单适用的数据结构，为系统各功能模块的开发奠定了基础。

项目团队奋战了一年多，经过需求分析、系统开发、试运行、安全测试等四个环节，江苏送变电公司生产实时管控平台于 2016 年 10 月正式上线运行。它利用地理信息系统、移动互联网、大数据等信息技术，采用 B/S 架构，实现了项目管理关键信息实时展示、安全质量在线监督、风险管理全过程控

制、重大机具装备动态跟踪等多项功能。

## 响应国家电网公司基建配套措施，生产实时管控平台再优化

为了响应 12 项配套措施重点要求，促进配套措施有效落地，生产实时管控平台开发团队进一步优化功能模块，以项目施工关键要素实时管理为主线，通过人员、标准化、督察、装备、培训等多个管理维度，真正实现现场施工生产的信息化管控，大力提升现场管控质效。生产管控平台功能与基建改革配套措施的对应关系见表 1。

表 1　生产管控平台功能与基建改革配套措施对应表

| 序号 | 功能模块 | 主要功能 | 相关的 12 项配套措施 |
|---|---|---|---|
| 1 | 项目管理 | 工程信息、人员信息、考勤管理、进度管控、周报等 | （1）《关于加强项目管理关键人员全过程管控的意见》<br>（2）《关于加强线路工程作业层班组建设的指导意见》<br>（3）《关于加强线路工程核心劳务分包队伍培育及管控的指导意见》<br>（4）《施工监理企业劳动用工及薪酬激励指导意见》 |
| 2 | 安全质量多媒体 | 上传作业现场安全文明施工、各工序质量管控的影像资料 | （5）《施工现场关键点作业安全管控措施》<br>（6）《基建安全日常管控体系优化方案》 |
| 3 | 安全风险 | 三级及以上风险全过程管控 | |
| 4 | 安全质量督察 | 公司、分公司两级安全质量督察及整改闭环的在线管理 | （7）《输变电工程安全责任量化考核意见》 |
| 5 | 机具管理 | 重大装备信息、出入库、定位跟踪、运行维修等 | （8）《施工单位技术装备配置规划及计划、预算安排》 |
| 6 | 培训与考试 | 安规周周练、配套措施学习与测试、法规标准查阅下载 | 全部 |

项目团队还研发了生产管控平台手机 APP，APP 与系统后台示意如图 2 所示。

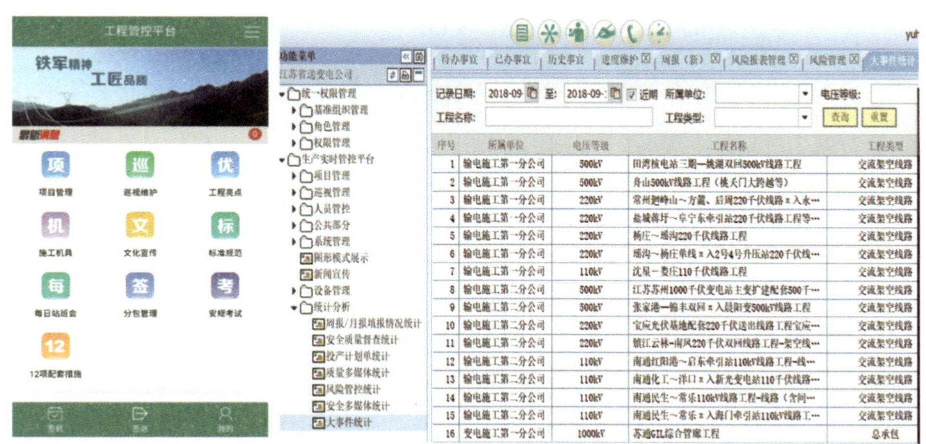


| 序号 | 所属单位 | 电压等级 | 工程名称 | 工程类型 |
|---|---|---|---|---|
| 1 | 输电施工第一分公司 | 500kV | 田湾核电站三期—姚湖双回500kV线路工程 | 交流架空线路 |
| 2 | 输电施工第一分公司 | 500kV | 舟山500kV线路工程（横天门大跨越等） | 交流架空线路 |
| 3 | 输电施工第一分公司 | 220kV | 常州犁峰山～方麓、后周220千伏线路π入永… | 交流架空线路 |
| 4 | 输电施工第一分公司 | 220kV | 盐城蒋圩～阜宁东牵引站220千伏线路工程等… | 交流架空线路 |
| 5 | 输电施工第一分公司 | 220kV | 杨庄～璠沟220千伏线路工程 | 交流架空线路 |
| 6 | 输电施工第一分公司 | 220kV | 璠沟～杨庄单线π入2号4号升压站220千伏线… | 交流架空线路 |
| 7 | 输电施工第一分公司 | 110kV | 沈星－娄庄110千伏线路工程 | 交流架空线路 |
| 8 | 输电施工第二分公司 | 500kV | 江苏苏州1000千伏变电站主变扩建配套500千… | 交流架空线路 |
| 9 | 输电施工第二分公司 | 500kV | 张家港—锦丰双回π入晨阳变500kV线路工程 | 交流架空线路 |
| 10 | 输电施工第二分公司 | 220kV | 宝应光伏基地配套220千伏送出线路工程宝应… | 交流架空线路 |
| 11 | 输电施工第二分公司 | 220kV | 镇江云林-南风220千伏双回线路工程-架空线… | 交流架空线路 |
| 12 | 输电施工第二分公司 | 110kV | 南通红阳港～启东牵引站110kV线路工程-线… | 交流架空线路 |
| 13 | 输电施工第二分公司 | 110kV | 南通化工～洋口π入新光变电站110千伏线路… | 交流架空线路 |
| 14 | 输电施工第二分公司 | 110kV | 南通民生～常乐110kV线路工程-线路（含间… | 交流架空线路 |
| 15 | 输电施工第二分公司 | 110kV | 南通民生～常乐π入海门牵引站110kV线路工… | 交流架空线路 |
| 16 | 变电施工第一分公司 | 1000kV | 苏通GIL综合管廊工程 | 总承包 |

图 2　生产管控平台手机 APP 与系统后台示意图

同时，开发团队对系统的功能界面进行了大幅度的优化。系统由原先以文字为主的展示方式，改为以图片和图形展示为主，界面更加友好、直观，让使用者对工程情况一目了然。优化后的功能界面示意如图 3 所示。

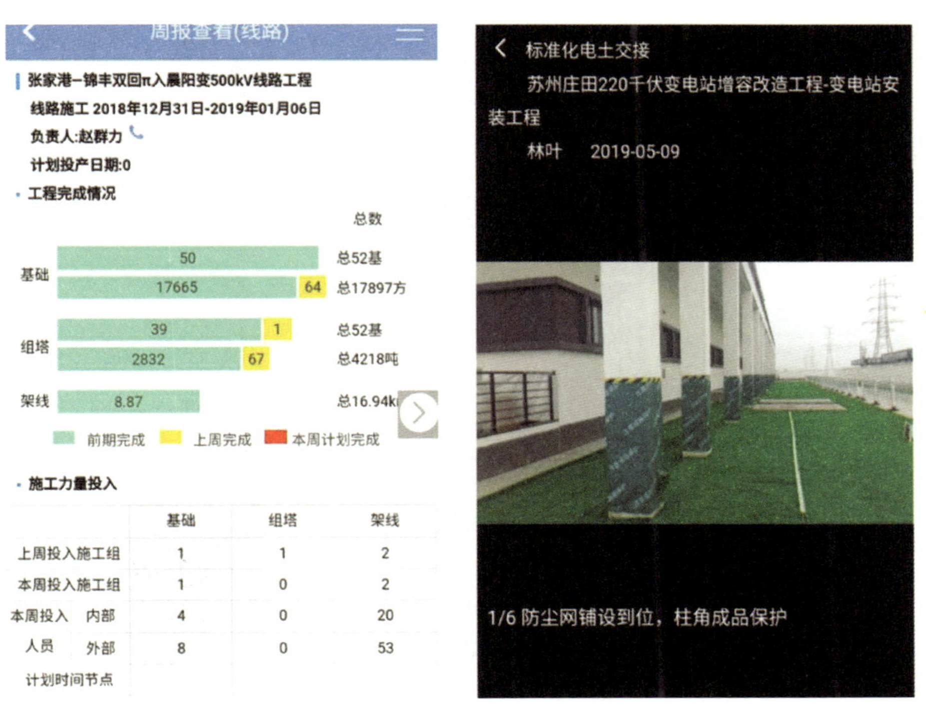


| | 基础 | 组塔 | 架线 |
|---|---|---|---|
| 上周投入施工组 | 1 | 1 | 2 |
| 本周投入施工组 | 1 | 0 | 2 |
| 本周投入人员 内部 | 4 | 0 | 20 |
| 本周投入人员 外部 | 8 | 0 | 53 |
| 计划时间节点 | | | |



图 3　优化后的功能界面示意图

## 1. 人员管控体现关键人员到岗履职

（1）通过操作流程用户权限抓住关键人。管控平台并没有将现场项目管理的所有流程都搬进系统，而是选取了进度、风险、多媒体三个重要因素，实时跟踪记录现场管理信息。其中的操作流程与用户权限设置则紧紧抓住项目关键人员，体现他们到岗履职完成情况。如，作业层骨干人员实时维护进度信息，上传现场安全文明施工和标准工艺执行多媒体资料，接受三级及以上风险现场负责任务并上传有关资料；项目负责人审核实时进度、编制发布周报，审核安全质量照片、实时监控现场，审核确认三级及以上风险计划和预控措施，并安排现场实施负责人。

（2）利用手机终端实时记录关键人管理痕迹。管控平台充分发挥 4G 网络、GIS 地图以及手机 APP 功能，将关键数据的维护和监督移到手机终端。在项目基本信息输入时，有一项重要内容就是输入输变电工程项目部、材料站以及作业现场的坐标。系统设置电子围栏，监督项目关键人员管理活动路径。终端用户在工作区域签到上线，系统通过手机 GPS 定位实时记录人员活动位置信息。管理层可以通过手机 APP 中地图展示功能监督检查人员到岗到位情况。生产管控平台 GIS 地图定位现场人员示意如图 4 所示。

图 4　生产管控平台 GIS 地图定位现场人员示意图

（3）将作业层班组骨干人员和核心劳务分包人员管理嵌入项目管理模块。根据配套措施做实作业层班组的要求，在管控平台建立作业层班组骨干人员和核心劳务分包人员信息库。信息库台账格式直接引用国家电网公司制定的作业层班组人员报备表，相关资质档案录入系统，形成作业层人员数据库，为施工组织模式调整和施工承载力分析提供重要支撑。施工项目部在系统中选择配置作业层骨干和核心分包人员组合，系统根据骨干人员最低配置、人员资质数量等要求自动审核人员配置。作业现场施工状态维护与班组投入实施关联。关联后的作业班组只能在该作业点暂停或结束状态下才能关联其他作业点。通过上传施工作业票、工作日志和站班会照片，督察人员一致性和现场到位情况。

### 2. 标准化管理突出关键点管控

（1）安全质量标准化管控规范现场管理。管控平台的多媒体管理模块把标准化管理要求落实到作业层。系统后台将电网施工标准工艺库、安全文明施工标准化要求录入多媒体目录库中，由系统管理员根据职能部门要求动态更新。施工项目部在项目部基本信息维护时，结合工程实际，选择安全质量过程管理照片资料目录树。现场负责人一方面可以随时学习比照标准化施工要求，规范现场作业与管理；另一方面必须按照目录实时上传关键点现场照片，施工项目部审核把关。

（2）风险全过程管控有效落实关键点安全管控措施。三级及以上安全风险管理是关键点安全管控的重中之重。管控平台实现了三级及以上风险的全过程管控。根据国家电网公司通用制度，将输变电工程三级及以上风险清册以及管控措施全部输入系统。施工项目部通过管控平台风险管理模块，进行简单的选择和编辑操作，动态更新现场三级及以上风险辨识及预控措施。通过风险的计划、实施、确认、关闭四个状态的过程管理，确保关键点安全管控到位。确认后的风险及控制措施，系统自动推送到相关责任人，保持实时提醒和预警。风险执行责任人负责上传风险现场实施照片，项目负责人审核后，完成风险闭环管理。

生产管控平台风险管理示例如图 5 所示。

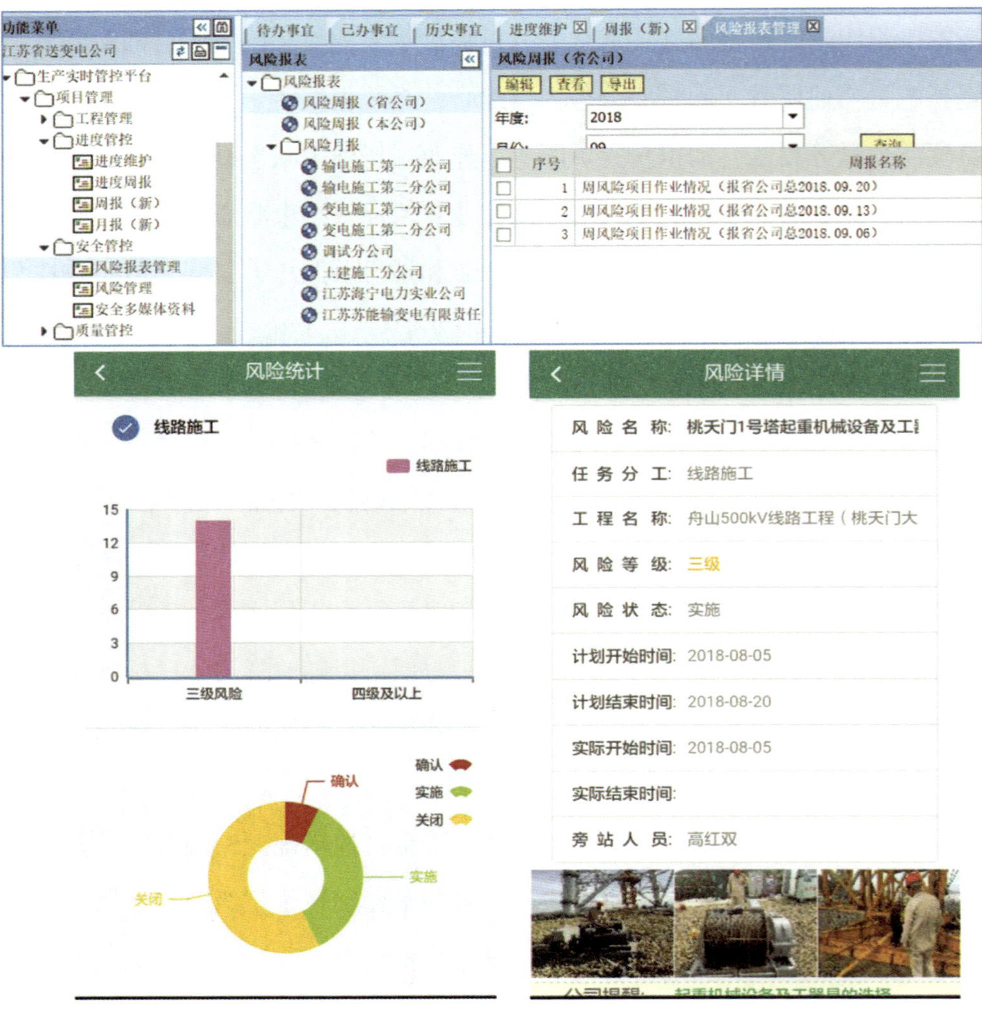


图 5　生产管控平台风险管理示例

## 3. 两级督察做实安全责任量化考核

（1）手机 APP 使安全督察更加便捷高效。管控平台手机终端提供分公司、公司两级安全督察功能模块，检查人员可以根据作业点施工状态选择督察现场，通过定位坐标直接导航抵达，真正做到“四不两直”。检查情况直接在手机上形成记录，推送到相关负责人，责令整改。现场负责人完成整改后上传有关照片，经检查人审核后完成闭环。问题清单一方面作为安全责任量化考核的依据；另一方面也可作为安全教育的素材，警示施工项目部避免类似问题重复发生。生产管控平台安全质量监督示例如图 6 所示。

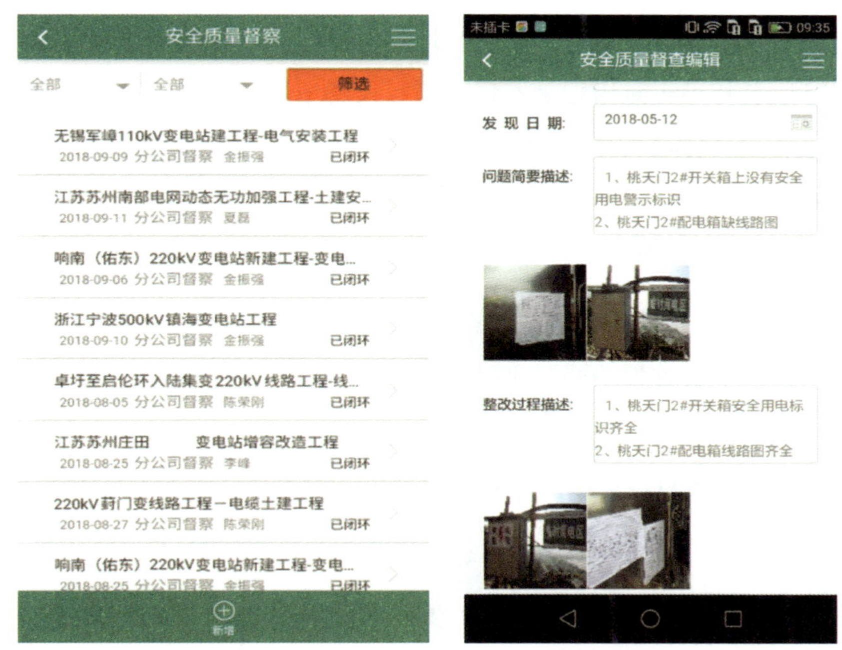


**图 6　生产管控平台安全质量督察示例**

（2）多维度管控记录丰富量化考核证据。除了两级安全督察记录以外，管控平台还提供了其他安全责任量化考核佐证数据。主要包括：作业现场安全文明施工照片资料、作业层班组配置及标准化管理信息、风险全过程流程管控及现场实施管理情况、关键人员到岗到位信息、其他基础数据等。管控平台采集的数据及时、真实、全面，并能长期保存，为推动安全责任量化考核，加强本质安全管理提供丰富的现场资料。

### 4. 重大设备实时管控助力装备管理再升级

（1）设备实时跟踪为设备调配、规划、革新提供重要数据。管控平台利用二维码和手机定位技术，实现重大装备出入库与工程应用的实时跟踪。利用仓库以及工程所在地的地理坐标，在 GIS 地图上实时建立虚拟仓库和电子围栏。通过手机扫描设备二维码，系统自动完成设备出入库以及与工程项目关联。设备一览表自动统计与更新，包括设备编号、设备型号、租赁状态、所在仓库或者所在工程等信息。所有信息也可以直接在地图上点击查询。设备的实时信息和工程应用记录不仅为制定设备使用计划提供基础数据，还为工程技术总结、设备应用效率分析、施工承载力分析、设备购置计划编制、设备研发等管理工作提供重要参考。

（2）设备全寿命周期管理保障设备安全运行。设备二维码信息主要包括设备出厂信息、性能参数、维修保养记录等。设备管理除了实时跟踪以外，还设置了运行维护管理功能，实时记录运行数据和维保记录。系统还设置了设备运行阀值和预警功能，保证设备安全运行。根据设备运行维护状况，更新设备状态，包括封存、待用、在用、维修、报废等，保障全寿命周期管理。设备用户可以第一时间掌握设备信息，下载相关台账资料。

### 5. 培训宣传功能体现互动性、知识性、趣味性

管控平台手机终端不仅是加强现场管控的实战场，也是培训宣贯、考试竞技的微课堂，还是新闻报道、文化传播的宣传阵地。知识管理模块，按专业收录并定期更新电网施工涉及的法律法规、制度与标准规程，供终端用户查阅或下载。《安规》周周练、12 项配套措施培训与测试两个模块，通过简单轻松的方式加强重要规范、制度的培训宣贯。开辟新闻宣传专栏，让一线员工了解企业大事要闻，感受企业文化。生产管控平台培训宣传功能示例如图 7 所示。

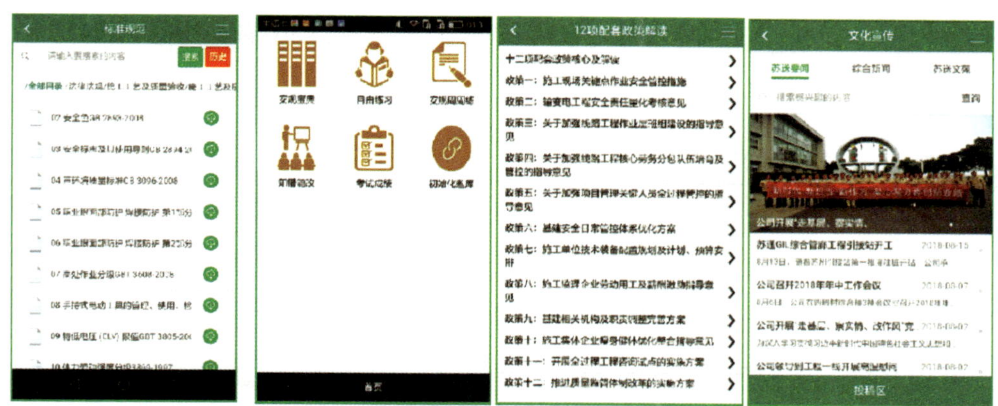


图 7　生产管控平台培训宣传功能示例

## 案例成果

江苏送变电公司生产实时管控平台，充分利用地理信息系统、移动互联网、大数据等信息技术，采用 B/S 架构，实现了项目管理关键信息实时展示、安全质量在线监督、风险管理全过程控制、重大机具装备动态跟踪等多项功能，自 2015 年上线以来，共对 310 余项工程项目的建设进行管控，维护各类工程建设数据 30 余万条，为工程的建设和顺利投运提供了技术支撑。运行实践证明，生产实时管控平台实现了对电网施工关键人和关键点的有效管控，是推动 12 项配套措施落地的重要手段。

### 1. 作业现场本质安全水平持续提升

生产实时管控平台实现了对作业人员到岗到位、关键点风险管控、安全质量监督、重要装备跟踪管理等环节的实时管控，有效促进了现场作业人员配置到位、职责落实到位，措施执行到位，有力推动了作业现场本质安全水平持续提升。

### 2. 标准化作业水平持续改进

生产实时管控平台实现了质量标准工艺、风险管控关键措施等技术措施的实时推送，加强了现场作业的在线培训和指导，大大提高了现场作业人员的标准化作业水平。通过两级安全质量监督，作业层班组各岗位的安全、质量意识得到普遍提高，工程质量水平持续提升，各类隐患也得到了有效防治。

### 3. 科技创新水平持续增强

生产实时管控平台实现了将互联网技术成功应用到施工企业人员与作业管控实践，大大提高了项目管理效率和施工企业信息化管理水平。工程数据的实时传输，为管理层实时掌握项目动态和资源动态提供最便捷的手段，也为企业开展数据分析、问题诊断和管理提升提供大量信息来源。该项目的成功实践推动了公司科技创新水平持续增强。

## 案例思考题

（1）如何使用管控平台更好地推动 12 项配套措施落地？

（2）通过本案例，项目团队的做法对你有哪些启发？如何应用创新思维来解决工作中遇到的难题？

## 案例启示

抓住关键人，管好关键点，是施工企业落实配套措施的核心要求。江苏送变电公司深刻领会国家电网公司基建改革要义，多方调研需求，全面梳理公司施工队伍以及管理现状，明确目标与总体策略，迅速投入实质开发，同时响应国家电网公司基建配套措施，管控平台再优化，促进配套措施有效落地。本案例中所体现的生产实时管控平台的开发与应用实践可以总结为关键启示“三要点”（见图 8），从“寻找突破”“提升效率”“分析数据”三方面有力推动了基建改革 12 项配套措施高效落地，供读者借鉴和参考。

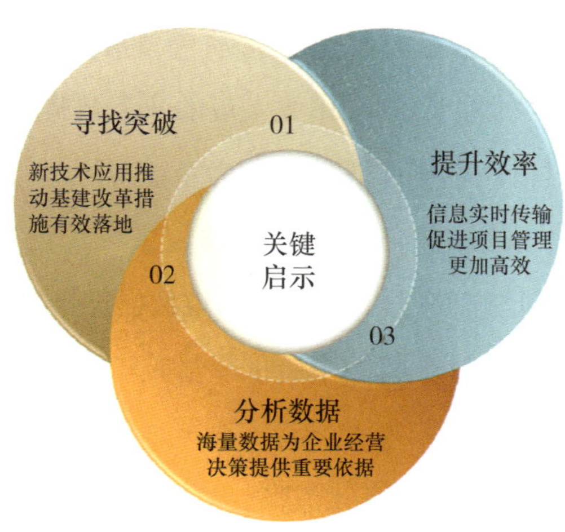


图 8　生产实时管控平台“三要点”

### 1. 寻找突破，新技术应用改变传统管理模式

如今的大数据时代，以各种智能终端为技术依托，以庞大的信息流和资源流为管理对象，为冗杂的信息资源的搜集、筛选、存档以及传送提供一个高效的网络信息平台。管控平台的开发应用改变了传统班组层管理模式和工作方式，应用自动识别（二维码、RFID）、定位跟踪（GPS、GIS）和云计算等技术，将物联网和大数据等先进科技成果运用到施工企业生产基建管理中。管控平台实现了对作业人员、工程进度、安全风险、机具管理等关键点、关键人的实时管理，有力推动了基建改革 12 项配套措施高效落地。

### 2. 提升效率，信息实时传输促进项目管理更加高效

通过建立统一的数据仓库，对结构化数据进行挖掘和分类。通过自动识别、精确定位和实时传输等数据采集技术，实现了施工现场生产要素的自动识别、定位、跟踪和监控，并将信息数据实时传输给数据终端，将施工现场状况反馈给企业管理层。信息化大大提高了管理效率，有力促进了各项标准化管理措施有效落地。

### 3. 分析数据，海量数据为企业经营决策提供重要依据

基于大量的现场数据，形成了作业人员的业务数据库、施工关键作业管控数据库和重要机具使用数据库等信息，为企业开展承载力分析，制定企业发展规划提供了重要依据。施工企业应加强施工现场信息数据的价值挖掘，为改进施工组织、降低施工风险、提升管理效益提供重要依据。

毋庸置疑，现代企业管理将越来越依靠科技进步和技术创新，诸如生产管控平台所依托的高端互联网技术仍将大有可为。在此基础上，江苏送变电公司将继续探索新兴科技应用，开拓思路，瞄准科技前沿，助力高质量发展，在科技强企之路上奋勇前行！

# 小心驶得万年船　方迎蛟龙腾空出

## ——特高压 GIL 管廊工程隧道施工安全管理实践案例

**所属类别：**

安全生产

---

**案例摘要：**

本案例描述了国网江苏省电力有限公司（以下简称国网江苏电力）在特高压 GIL（gas insulated metal enclosed transmission line 气体绝缘金属封闭输电线路）管廊隧道施工过程中统筹落实施工安全风险防范、强化本质安全的管理实践。GIL 电力管廊过江隧道工程有别于一般民用隧道工程，其施工精度要求高、技术难度大、安全风险高、管控难度大。国网江苏电力建设主管部门通过精心组织，提前策划，针对工程技术重点难点，通过建立健全安全管控体系，开展安全风险点分析，制定周密的管控措施，确保了过江隧道的安全顺利贯通。

---

**案例关键词：**

电力管廊　过江隧道　施工　安全

# 案例背景

## （一）事件背景

2016 年 7 月，经国家发展改革委核准，国家电网公司在江苏省长江下游段开工建设一条特高压 GIL 电力过江管廊隧道工程。该工程于 2016 年 8 月 16 日开工，2018 年 8 月隧道施工贯通。

该电力管廊采用盾构隧道，隧道断面尺寸内径 10.5m，外径 11.6m，隧道长度为 5468.5m，最低点标高为 –74.83m，最大水土压力值接近 980kPa，是当时国内埋深最深、水压最高的过江隧道。新建南岸地面引接站距离长江大堤 200m，北岸地面引接站距离长江大堤 150m。

隧道工程采用了德国海瑞克生产的泥水平衡盾构机。隧道掘进经过了盾构始发、加固区穿越、浅覆土推进、长江大堤穿越、有害气体段施工、水土压力最高点穿越等阶段，始终平稳有序推进。

电力管廊过江隧道工程有别于一般民用隧道工程，施工精度要求高、技术难度大、安全风险高、管控难度大，这对本工程的安全管理提出了很高的要求。

### （二）人物信息

建设部：国网江苏电力电力工程建设主管部门。部门职工老杨是从事多年基建管理的老员工，负责统筹协调管理本工程建设。

业主项目部：负责工程现场建设管理的组织机构，项目部经理老张是一个沉浸电网基建现场多年的老专家，项目部安全专责小韩、技术专责小陈都是从事电网基建管理的青年员工，有较强的组织协调能力。

## 案例内容

### 超前策划，建立安全管理监督体系

2016 年 1 月 6 日，国家电网公司召开专家研讨会，认为淮南—南京—上海 1000kV 特高压交流输变电工程的过长江段，采用江底管廊的 GIL 方案具备工程应用可行性，明确过江段采用电力管廊方式。这个消息传到国网江苏电力，作为建设管理单位主管部门，国网江苏电力建设部深感肩负的责任重大，尤其是具体负责本工程建设管理的部门职工老杨，感受到安全管理压力空前：如此大直径、长距离、高水压的特高压电力管廊，不仅国内从未有过，在世界上也是第一个，国家电网公司对于大直径盾构隧道项目管理也是一个空白；而且地下工程风险点密集、安全管理难度极大，这无疑也是一个极大的挑战。

老杨思考了几天，理清了思路：做好一个工程项目安全管理的基础是有一套合理且运行正常的安全管理体系。工欲善其事，必先利其器。当前要做的是迅速组织力量，趁工程还未正式核准，提前开展策划，构建起一套比以往工程更加合理、完善的工程安全管理监督体系。

在老杨的建议和推动下，国网江苏电力成立了工程安委会，建立“两个主体、三级管理”的安全体系：以施工单位为安全生产责任主体，业主、监理为安全监管主体；搭建起安委会、业主项目部、各参建单位三级责任明确、运转有效的安全体系。通过实行三级安全管理，坚持分级开展安全生产管理活动，来确保安全责任制落实和安全活动常态化、标准化。“两个主体、三级管理”安全体系如图 1 所示。

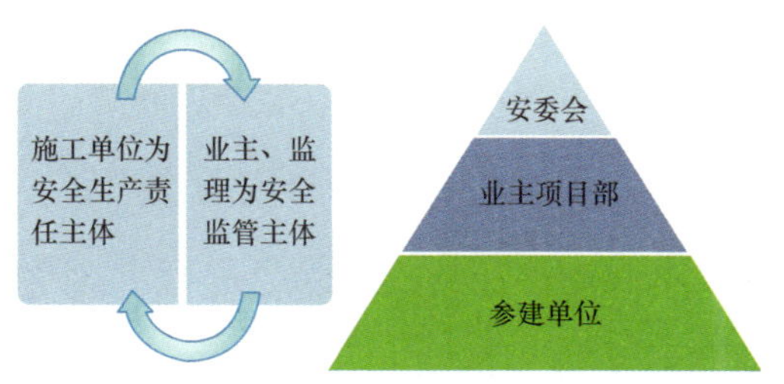


图 1 “两个主体、三级管理”安全体系

除了安全管理体系之外，安全监督体系也是不可或缺的，应该最大限度地发挥其监管作用。首先要建立起安全隐患排查治理的常态化机制，形成省公司、业主项目部和参建单位三级安全督查体系。其次还应该针对工程各阶段的安全风险特点开展各类安全专题活动，以重大风险全过程监督、分包专项检查、施工安全技术专项检查、标准工艺应用检查等为抓手，开展各类安全质量专项检查，重点是要能够保持安全管理的“高压”态势。最后要重点注意安全督查通报的整改闭环，明确所有督查活动发现的存在问题必须经业主项目部确认整改后将存在问题和整改对照情况反馈建设部进行闭环。利用工程月度安全会议对存在问题和闭环整改情况定期进行通报，方可实现隐患风险可控和闭环治理。

“组织体系搭建起来了，但更重要的是工程开始建设后如何能确保其正常运转呢？”老杨一直在思考这一问题。他主动与一些同事沟通探讨，希望能通过观点交流、思想碰撞想出一些好的方法。一位同事提议到：“想要保证体系正常运转，首先应该归纳总结以往工程管理中存在的问题，然后制定具体的措施来规范、约束，让整个体系中各个单位、个人各司其职。”

以往工程管理中存在的主要问题有哪些？最主要的问题还是各单位不能按照既定制度落实其安全主体责任。老杨与同事们群策群力，大致拟定了一些具体的管理措施：

（1）按照工程进度，除了每季度召开工程安委会会议之外，业主项目部还要在每月召开分安委会会议，总结每月施工现场安全管理状况，针对安全问题提出整改措施并形成闭环管理。

（2）制定安全周例会制度，将每月的分安委会会议要求分解到每周进行管理和跟踪，这样可以对现场存在的安全隐患进行更加及时的闭环管理。

（3）在安全管理和监督体系的大框架下成立工程现场联合巡查工作组，联合巡查工作组由业主、监理、施工各项目部的安全管理人员组成，负担起现场安全隐患排查、安全工作监督等职责。

（4）细化、固化各类检查和巡查形式，主要包括：国家电网公司层级协同监督检查、省公司安全质量巡查、省建设公司二级巡查、项目部自查。各类检查和巡查固化相应流程：检查完毕开具整改通知单→在当月分安委会及当周周安全例会中通报→整改闭环材料电子版本按照检查层级报送至省公司建设部或建设公司安质部或业主项目部→定期开展“回头看”活动并检查类似问题是否重复出现。

通过一系列策划和制度的制定，工程安全管理和监督体系初步建立了起来。

## 专项落实，推进施工过程中的安全风险和技术管理

2016 年 6 月，在建设部的策划与组织下，抽调建设管理专业人才成立工程业主项目部。业主项目部经理老张和老杨一样都是“老基建”，经验丰富。工程开工在即，某日，老杨、老张以及业主项目部的安全专责小韩、技术专责小陈聚在了一起召开内部会议——工作又遇到了新的困难，一系列隧道施工安全管理的具体问题摆在了面前。

老杨首先发言总结目前面临的安全管理困难：“项目马上要开工了，具体的问题也来了。咱们以前谁都没接触过大直径盾构施工，现在看起来还有不少问题需要解决：第一是本工程相较以往常规输变电工程来说，安全风险类型多、风险等级高，比如工作井塌方、盾构机冒顶等风险，都将造成极为严重的后果；第二是施工技术要求高，如工作井逆作法开挖、盾构机掘进控制、管片生产与拼装，大家谁都没有相关经验，都需要精细制定相关技术方案并严格落实执行；第三是隧道狭长空间内作业机具、人员管理难度大，需要对施工期间进出车辆调度、人员进出管理进行详细策划。咱们需要在前期构建的安全管理与监督体系的支撑之下，针对具体问题，采取具体策略才行。”

听了老杨的发言，大家更加觉得后面的工作困难重重。老张沉思良久，发表了自己的见解："具体问题具体分析，现在我们面临工程实施阶段的具体问题，主要可以从两个方面采取措施：一方面开展全面风险管理，强化施工安全风险防控；另一方面制定专项技术方案，攻克各阶段的安全管控难点。"

老张的发言给了大家新的思路。大家一番讨论后，按照商定的总体思路，提出了一些具体想法，并迅速组织开展起相关工作：

（1）和监理、施工单位一起，对工程风险因素识别划分、动态识别评估、采取的预控措施进行全方位的分析。针对工程大、新、难的特点，梳理总结大直径隧道施工、受限空间内大型设备安装施工的安全事故案例，提出针对性措施。

（2）在隧道盾构施工期间执行"日报告、周简报、月点评"安全风险管理制度。对施工风险控制的识别、评估、制定预控措施及信息报送工作进行规范化。用老张的话说，"经常分析，及早发现、挂牌督办、闭环管理"。

（3）针对隧道工程建设特点，对工程现场应急演练的内容进行细化，除了常规项目需要开展的消防、应急救援、防汛、防台风等应急演练之外，必须增加涌水涌沙、盾构帽顶、有害气体泄漏等应急演练，全面提高应急管理的实用性、实战性。

（4）加强施工设施、机械和工器具管理，规范监理审查，特别重视有效期、数量和编号的核对，有计划地开展各类专项检查。

经过一段时间的努力，大家完成了《苏通 GIL 综合管廊工程施工安全风险管控工作大纲》《大直径盾构施工风险分析及现场应急处置方案》（见图 2）等指导性文件的编制，这些文件在后续盾构施工过程中起到了关键作用。

在技术方面，大家也同时理清了工程安全管理的几个关键点：

（1）长江主航道勘测阶段共需历时 4 个月，占用了 $300m^2 \times 400m^2$ 的水域面积，在此期间极易发生勘测人员落水、船只撞击倾覆、大桥被撞受损等恶性事故。

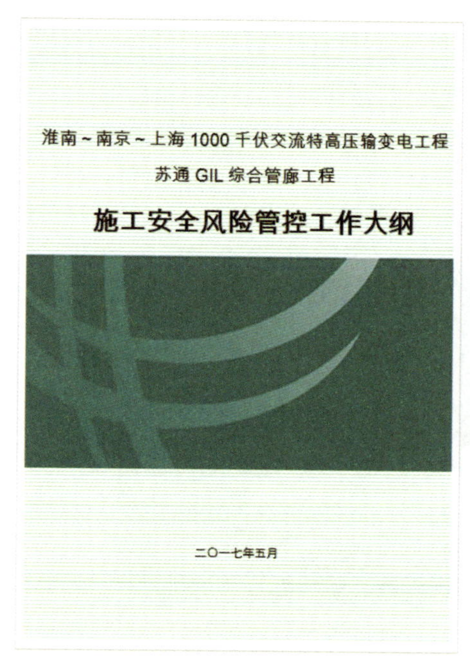

图 2　风险管控策划文件

（2）南北工作井开挖阶段的深基坑作业、大型机械吊组装等高风险施工作业等，由于作业空间有限、持续时间长，易发生基坑整体滑动或局部塌方、地下水管涌、重件高空坠落等事故。

（3）盾构机穿越有害气体地层施工阶段，极易造成人员中毒、爆炸和盾构机机头塌陷等重大事故。

（4）盾构机穿越深槽进行高水压盾构施工阶段，掘进最大水土压力将达到 980kPa，极易造成塌方、冒顶等灾难性事故。

（5）在整个盾构机掘进施工过程中，由于管廊内空间受限，且通风、照明等施工条件较差，易发生人员机械车辆伤害、窒息和设备碰撞受损等事故。

技术关键点找到了，该如何采取措施规避风险、确保工作顺利推进呢？在老杨、老张的组织下，工程建设经受住了考验，顺利完成了相关工作：

（1）在长江主航道勘测作业期间，工程获得了航道主管部门的大力支持。

江苏省海事局动用全省海事安全防护力量，采用主航道局部封航、增开辅助航道和大小船只分流管制等措施（见图 3），实现勘测作业零事故。

图 3　主航道局部封航进行勘测作业，海事船只进行护航

（2）针对深基坑作业、大型机械吊组装等存在的风险，制定了共计 27 项专项施工方案，并且全部通过了专家论证。

（3）针对有害气体地层施工，对盾构机进行了防爆改造，增加有害气体探测点与浓度稀释点，隧道内采取压入式通风，并增设有害气体抽排系统。

（4）针对长江深槽段施工，采取了“高粘优浆、合理低压、精细控制、平稳推进、快速拼装、禁止停机、一次通过”的盾构施工原则，建立了高效的施工管理措施，盾构机平稳、快速地通过了深槽段。

（5）针对管廊内有限空间作业特点，指定专人负责检查维护管廊内通风体系及事故应急照明体系，确保管廊内空气流通，并在管廊内电源失电正常照明无法工作时，能立即提供可靠的照明，并正确指示紧急撤离的方向和出口位置，以确保滞留在黑暗中的作业人员顺利撤离。

## 以人为本，强化人员培训与分包管理

2016 年 12 月的月度例会上，虽然工程施工已经在稳步推进了，但与会人员之间又出现了争执。

参加会议的施工项目经理首先抱怨：“工程开工已经几个月了，但我们做管理、做资料的时候还总是摸不到头脑。明明按要求规定做好了相关工作，可是你们建设管理单位就是不认可，我们施工项目部的工作以后还怎么开展？”老张接话道：“有些工作你们的确做了，可是做的方式、形成的资料总是跟我们的规定存在出入啊！”小韩接过话头：“比如你们做的安全风险分类，一级风险是最高级别，可在我们国家电网公司体系内，一级风险是最低级别啊！我们还怎么审批你们的安全管理资料？”小陈也补充道：“不说安全风险，就说最基本的工程分包，你们对分包单位的管理根本就不符合国家电网公司基建管理规定！”

老杨看出了问题所在，要求大家停止争吵：“我看大家争论的东西根本症结其实很简单。一方面，长距离大直径盾构施工作业对于我们电力行业来说是一个新事物，作为建设管理方，我们的确缺乏相关管理经验，你们施工单位也是首次与国家电网公司合作，对国家电网公司相关标准规定不熟悉，存在管理及文化上的差异。另一方面，盾构施工作业是一项复杂且专业性强的工作，施工过程中参与其中的分包单位及队伍非常多，我们也应该深入探讨一下如何做好分包管理。”

老杨的话让大家开始反思，并顺利达成了一致意见：应该以人为本，从人的角度处理问题，从人的角度保障工程本质安全。工程各个项目部通力合作，开展起人员培训、人员管理的深化工作：

### 1. 开展全员培训，加强工程安全管理理念培育

首先对施工单位集中宣贯国家电网公司《基建安全管理规定》《电网工

程施工安全风险识别、评估及控制办法》《国家电网公司安全事故调查规程》《国家电网公司安全工作奖惩规定》等管理规定和文件要求。

其次，根据上级文件要求组织业主项目部人员学习安全质量管理类、技能类培训课件，针对建设管理技术人员和劳务派遣、分包等不同类型人员开展模块化、差异化培训。通过采取调研、文件学习等形式广泛深入学习吸收隧道盾构施工的特点、工艺流程，增强自身专业性，提高管理水平。

召开安全管理标准化示范工地现场会议，采取了现场观摩、调研交流、样板示范、竞赛考试等灵活多样的方式开展一线人员培训和技术交流，提高一线人员的技能水平。

组织施工、监理单位参加省公司安全质量集中培训，进一步熟悉国家电网公司体系下相关管理规定。

充分利用公司基建安全考试题库，结合巡查工作开展项目安全管理人员培训情况抽查调考。

### 2. 强化施工分包安全管理

认真解读组织宣贯国家电网公司《关于进一步加强分包管理的重点措施》，制定了《加强工程施工分包管理专项行动方案》，并落实到分包管理日常工作中。

将分包作业全面纳入施工安全风险管控，在分包作业前，根据施工方法、作业人员、机械设备和材料、环境特点等风险影响因素的实际情况，对作业安全风险进行动态评估，对已经明确的风险防控措施，由施工项目部组织对分包人员进行培训交底，确保分包人员了解风险防控要求。

开展分包专项治理活动，对工程项目分包信息进行收集和调研，重点整治违规分包、分包核心人员不到位、现场人员人证不符、现场管控监护不到位等现象。

依托参建施工和监理单位组建分包专管队伍，每季度通过例行巡查和交叉互查切实降低现场分包作业风险。工程现场推行“分包质安员工作日志”，规范分包质安员工作流程，强化分包队伍动态管控。

## 激发创新活力

在这么重大复杂的项目面前，仅依靠建设部和业主项目部几位同志的力量显然是不够的。好在国家电网公司体系专业资源丰富，加上公司平日注重与科研单位、高校的沟通交流，储备了较多的专业资源。在本工程项目中，国家电网公司共确定了包括基础性研究、设备类、设计类、施工安装和试验类、运维检修类、涉水涉航类等 53 项专项研究课题。另外，国家电网公司总部及国网江苏电力还聘请了科研单位、高校及设备厂家等各专业技术人才 100 余名，建立专家团队并成立专家委员会，为本工程提供技术支撑。图 4 为国家最高科学技术奖获得者钱七虎院士作为隧道专家组长在现场解决隧道掘进难题。

图 4　钱七虎院士（左三）在现场解决隧道掘进难题

那么，如何利用好这些资源？老杨带领大家做了几件很重要的事情。

### 1. 科学制定施工方案

施工方案是项目攻坚的难题，如何确保施工方案万无一失，是需要解决的重点问题。老杨充分发挥专家组作用，重点关注工程项目专项施工方案和安全技术措施的编审批管理工作，将课题研究成果有效应用于施工方案中。超过一定规模的危险性较大的工程重大施工技术方案必须经过论证，分专业、分阶段开展重大施工方案的审查工作，高效利用专家库为各类方案提供专业咨询，确保方案万无一失；在施工过程中，业主项目部、监理项目部加大技术方案和作业指导书的执行检查力度，完善施工现场安全管理各项技术和防护措施。

另外，老杨还与业主项目部一起组织开展了多次施工安全方案管理和执行情况专项检查，确保施工方案严格执行了《基建安全管理规定》，对施工安全方案编制、审批进行了规范。

在工程施工现场，每周都会由监理项目部牵头提前审查下周的施工作业施工方案、安全措施，着重核查施工方案与技术措施内容是否结合现场实际；同时，业主和监理项目部每周对现场安全措施执行情况进行核查，杜绝方案内容和实际脱节。

### 2. 提升工程现场信息化管理水平

信息化管理是如今各行各业管理工作的发展趋势。老杨也意识到信息化管理对工程项目的积极影响，采取一系列手段实现了工程现场管理工作的信息化。

工程现场施工人员、管理人员进出施工现场均需扫描置于安全帽上的感应芯片。项目团队还制定相关制度，定期检查。工程现场出入口设置无线射频识别式门禁系统（见图 5）并统计系统数据，保证施工现场封闭管理。

工程实现了施工人员动态信息二维码全覆盖，二维码作为人员身份信息的唯一标识与监控指挥系统衔接。随着隧道推进进度，工程项目部不断在隧道内增设人员定位信号基站，确保工程监控指挥系统对人员现场实时定位全

图 5　工程现场电子门禁

覆盖，快速掌握人员位置和行走轨迹信息。

工程利用监控指挥平台进行安全台账管理，并组织监理项目部与施工项目部严格按照标准化管理手册的要求，落实安全管理台账的所有内容。所有的安全资料、数码照片要做到分类正确，数量完整，内容齐全，各类活动记录完整规范。

## 案例成果

在国网江苏电力建设部的精心组织，全力策划下，工程建立了运转良好的安全管控体系，制定了周密的管控措施。2018 年 8 月 26 日，工程隧道顺利安全贯通。站在盾构接收井外，老杨回忆起这两年来的点点滴滴，不禁感慨万千，也为这两年取得的安全管理工作成果深感欣慰：

### 1. 安全体系运转正常，安全责任得到了有效落实

工程构建的安全管理体系得到各参建单位的严格落实，工程三级安全管理制度得到有效执行，确保了安全责任制落实和安全活动常态化、标准化。各参建单位相关领导定期亲临现场指挥，各级管理人员切实履职尽责，确保监督职责层层落实。

### 2. 各阶段各类施工安全风险得到了有效防控，实现了工程本质安全

该隧道工程建设全过程有序推进，顺利贯通，各工程参建单位有效落实了有关安全管理工作的各项要求，未发生工程建设安全事故，安全工作稳定。

### 3. 工程现场安全文明施工氛围有了很大的改观

通过加强安全文明施工常态化管理，确保了工程安全文明施工费足额投入施工现场，各项人身安全防护措施得到有效落实，创造良好的工作环境，保证了作业人员的人身安全。

## 案例思考题

（1）通过本案例，你认为针对一项新类型工作内容做好安全管理的关键是什么？

（2）针对本案例，你有哪些更好的思路或方法？

## 案例启示

安全是公司的生命线，是发展之基、立企之本。本案例通过特高压 GIL 管廊工程隧道施工安全管理实践，总结提炼了“新类型项目安全管理”的三项重点工作。

以下三个方面，供读者参考和借鉴。

### 1. 常态化管理打基础

安全管理体系是工程安全管理工作的基础与前提，本工程与以往工程的不同之处在于，针对工程实际情况，为安全管理体系制定更加细致、符合实际的管理制度，以确保体系的高效、常态化运转。安全管理工作不是一成不变的，要根据工程不同实施阶段、不同风险类型，采取不同的针对性管理方案和措施。

### 2. 专案管理是关键

本工程的安全风险与常规输变电工程有较大不同，主要包括长江主航道勘测、工作井开挖阶段的深基坑作业、大型机械吊组装、盾构机穿越有害气体地层、盾构机穿越高水压深槽区、管廊内空间受限且施工条件较差等。制定行之有效的专项施工方案、采取多方面技术手段降低安全风险是工程安全风险管理成功的关键。

### 3. 信息化管理提效能

信息化、智能化是工程现场管理的发展方向。工程除采用无线射频识别式门禁系统、人员动态信息二维码、全覆盖摄像头监控等技术手段外，还建立了工程监控指挥中心，将所有门禁信息、人员位置信息、现场监控画面、施工风险信息、班组信息、施工环境参数等全部整合，极大提高了工程施工信息化管理水平。

# “芯”有灵犀　智慧联动

## ——打造变电站新一代实景三维在线智能巡视系统

**案例类别：**

安全生产

---

**案例摘要：**

本案例描述了在“国家数字新基建”战略目标的指引下，国网江苏省电力有限公司（以下简称国网江苏电力）设备部紧密围绕变电站安全生产实用场景，深化应用数字克隆技术、人工智能技术，构建变电站自主巡视体系，实现机器替代人工巡视、故障检查全自动、视野覆盖全自主、状态管控全天候，全面提升运维人员五种能力，为大电网安全稳定运行奠定坚强的基础。案例中，国网江苏电力设备部积极推进新一代在线智能巡视系统实践路径的探索，具有较好的启发和借鉴意义。

---

**案例关键词：**

机器代人　数字克隆　人工智能　空间视野管理　点哪看哪

## 案例背景

### （一）事件背景

近年来，随着电网规模、技术水平快速发展，变电站设备巡视、安全管理等方面均面临一些新问题和矛盾：运维作业仍采用人工巡视、手工抄录、经验判断等传统模式，难以满足电网规模快速发展的要求；设备故障异常时，无法自动关联并推送实时视频，需等待人员赶往现场进行处置，难以满足电网需要快速恢复运行的要求；站内巡视资源相对独立，缺乏联合巡视策略自动创建能力，无法快速创建各类巡视任务，难以满足重要时段重要设备运维保障的要求；人员现场作业的安全风险仍然突出，难以满足全方位安全管控要求。

国网江苏电力设备部坚持以问题为导向，以“贴近设备、夯实基础、完善手段、智能运检”为重点，充分挖掘变电站视频监控及电力巡检机器人等巡视资源增值效应，深化应用数字克隆、人工智能等新技术，探索变电站在线智能巡视新模式，全面提升变电运维人员“五种能力”（设备感知能力、缺陷发现能力、状态管控能力、主动预警能力、应急处置能力）。

## （二）人物信息

邓洁清：国网江苏电力设备管理部变电处处长，工作经验丰富、技术站位高、统筹能力强。

单光瑞：国网江苏电力设备管理部变电处专职，工作仔细踏实、善于思考问题、钻研新技术。

郑鑫：国网江苏省电力有限公司检修分公司运检部专职，工作勤恳、责任心强。

# 案例内容

## 变电处处长的头等大事

2019 年 1 月 5 日，500kV 三堡变电站运维值长沈宁如往常一样，戴上安全帽，走出主控室，准备开始上午的设备巡视。像这样的设备巡视，站里每天要安排 2 次，非常“耗人耗时”。尤其是三堡变电站这样的 500kV 变电站，国网江苏电力就有 60 余座，如何做好站内设备日常巡视工作、确保大电网安全稳定运行，始终是设备管理部变电处处长邓洁清心中的头等大事。

500kV 三堡变电站，位于徐州市铜山区张集镇，2000 年 1 月投运，占地 11880m$^2$，距离徐州市中心约 30km，是国家重点工程——山西阳城电厂送出工程的枢纽变电站，它连接着 500kV 东明开关站、任庄变电站、双泗变电站和安澜变电站，以及徐州市 220kV 沈店变电站、沙庄变电站、郎山变电站、吴桥变电站、茶庵变电站主网架及高铁牵引站变电站等重要负荷。该变电站设备种类多，技术含量很高，设备调度关系复杂，站内仅测温点就有 3353 个，对运维人员的整体素质要求非常高。

2019 年春检过后，国网江苏电力设备部召开了变电站智能巡视保安全专题工作会。会上邓洁清提议：以三堡变电站作为试点，开展机器代人巡视的技术攻关工作，并创建“新一代在线智能巡视系统”技术攻关组，他亲自担任技术攻关组的组长，单光瑞、郑鑫、姚楠、王勇杰、张明明、李晓、方诚刚、沈宁为组员。

## 亲力亲为，创新技术定方向

随即在 2019 年迎峰度夏期间，邓洁清多次深入基层，带领技术攻关组的同事们，与站里的运维人员一起讨论设备巡视的难点、痛点，寻求解决方案。并组织大家多次召开技术研讨会议，脑力激荡、拓宽视野，寻找更好的技术路线。

邓洁清说：“站内 13000 多个重要的设备巡视点位，110 多台高清视频摄像机，如果能够自主进行关联匹配、精准校核，那可以大幅度提升系统的效率，加上机器人巡视范围的有效补充，再把摄像机和机器人视野之间的智能协同做起来，这个方案就应该具有很强的实用价值了。”他建议大家多从引入新技术、新功能的角度出发，思考问题、解决问题。

## 攻坚克难，数字克隆打基础

转眼间到了 2019 年的 9 月份，大家在邓洁清的带领下，工作热情高涨，但是技术难关也接连出现。

沈宁对全站视频摄像机技术参数进行了梳理，尝试与机器人巡视路线进行匹配，却发现无论是从系统一次接线图、还是站内平面布置图上，都很难对巡视点位做出便捷精准标定，更别提视野覆盖情况分析和有效的视野联动了，工作眼看陷入了僵局。

关键时刻，邓洁清带来电科院专家，再次召集了技术攻关研讨会议，在这次会议上大家对新技术新功能进行了充分的研究和讨论。最终发现，上海某科技公司提供的“真实世界精准数字克隆”技术，可以用空间分析的方式，完美的重构变电站物理场景，实现精确空间位置点位精准映射，能够自主计算、管理摄像机的空间视野，也能够自主联动管理机器人的视野。该项技术具有很强的实用性。

于是，邓洁清安排具有丰富现场工作经验的站内运维同事，协同科技公司的技术人员，聚焦解决三堡变电站智能巡视工作中的难点痛点问题，引入新技术，寻找新的解决方案。

经过 4 个多月紧密的联合开发工作，技术难关终于被逐步攻克了！

首先，技术攻关组通过数字化复制克隆变电站物理信息，构建出三堡变电站全站的具备精确空间位置信息的三维空间场景，测试并验证了激光点云 + 全景图片的最佳三维展示效果。然后，很快就攻克了巡视点位标注、站内摄像机资源、机器人资源精准匹配联动及巡视任务制定发布等一个个技术难关。

当各项数据导入三堡变电站实景三维平台，大家终于在三维界面上，看到了全站的视野覆盖情况，不光摄像机视野及巡检点位看得一清二楚，机器人的巡视路线、巡视任务也都能够和摄像机的视频巡视展现出交叉互补的效果。这一振奋人心的结果引得攻关工作小组一片欢呼，大家都赞叹邓洁清的技术站位高，统筹能力强，组织技术攻关效率高、效果好。

## 优化提升，空间视野是关键

时间很快到了 2020 年初，一场突如其来的疫情，严重地影响了联合团队现场工作的推进。特殊时期，邓洁清多次以电话会议的形式，在线上召集大家研讨，稳定技术攻关组的军心，督促大家尽量不要因为疫情而停止工作，要在既定的技术路线上持之以恒地深入研究，精心打磨解决方案。

在疫情形势得到控制之后，2020 年 6 月，一套具备实景三维特色的新一代在线智能巡视解决方案终于成型了，在三堡变现场完成了系统部署。由于该系统高效便捷的技术特性，很快就在站里试运行起来。

2020 年 7 月 1 日，技术攻关组在三堡变电站召开了现场工作会议（见图 1）。国网江苏电力设备部、国网江苏电力检修分公司、国网江苏电力电科院、多地运维站及地市公司的多位专家，在三堡变电站现场详细验证了实景三维在线智能巡视系统，一致肯定了该系统的功能特色：便捷高效的人机交互界面、自主关联精准匹配巡视点位、自主联动各类巡视资源以及从设备对象出发无需关注摄像机预置位配置的“点哪看哪”。

专家们的肯定给了技术攻关组更大的信心和鼓舞，这时邓洁清又提出了下一阶段的工作要求和目标：系统还有继续优化提升的空间，空间视野管理技术还应该有更广阔的应用前景。比如说在系统初始化时，就更精准地匹配

图 1　三堡变电站现场工作会议

出巡视点位与巡视资源的关联校合，完全省去人工干预的过程；比如说反算空间视野管理，得出站内摄像机安装布点的设计方案；比如说多线程摄像机执行任务，同时要兼顾到每一个摄像机关联的多个巡视点位，要按照每个巡视点位不同的空间角度和方位的顺序来执行任务，减少摄像机频繁来回转动，延长摄像机使用寿命等等。

新技术的演进发展总是在路上，不断地琢磨推进、不断的实用化，这就是邓洁清孜孜不倦追求的方向！

## 案例成果

经过近一年的探索与实践，三堡变电站在线智能巡视系统取得了如下成果：

### （一）电力设备物联网有益探索

按照物联网的四层结构建设变电站立体式自主巡视系统，应用微功耗组网通信协议、低功耗组网通信协议等物联网标准协议，加装温度、湿度、水浸、$SF_6$压力等多种类型无线、小体积、低功耗传感器，基本实现物联网“云管边端”的技术理念。

## （二）巡检质效显著提升

在变电站三维实景的系统内，实现快速、便捷、精准标注巡视点位，三堡变全站 13972 个物理巡视点位，5 天即可完成标注。而传统的摄像机预置位方式的标注方法，同样数量的巡视点位，标注时间大约要 70 多天。相比之下，大幅度缩减了工期，提高了系统实施交付的效率。

充分挖掘站内已安装的 114 个摄像头的潜能，使之能够最大限度覆盖巡视点位，实现已有高清视频摄像机最大化的视野覆盖能力。目前站内视频已实现 9860 个巡视点位的视野覆盖，巡视时长由人工模式的 90min 缩减至现在智能巡视的 30min，实现“效”的提升。

## （三）应急处置高效响应

当设备发生故障时，巡检系统自动开展检查并生成报告，运检人员在未到达故障现场时即可远程获取检查报告，快速进行研判。应急处置时间从 60min 减低至 30min，响应速度大幅度提升。

## （四）作业安全管控提升

通过人工智能的算法赋能，开展安全风险管控专题的算法优化，实现了包括着装类的“未戴安全帽”告警、“穿短袖工装”告警、“现场红马甲”识别，行为类的“跨越围栏”告警以及“人脸识别”特征分析。

## （五）人力成本大幅缩减

以 500kV 三堡变电站为例，每天 2 次进行例行巡视，按每次 2 人需 1.5h 计算，每站每年可节约 2190 工时；每月开展一次全面巡视，按每次 2 人需 3h 计算，每站每年可节约 78 工时；加上保电任务、特殊工况、恶劣天气、异常跟踪等特巡任务，按每站每年 20 次，每次 1 人 1h 计算，可节约 20 工时，全年有效减少 2288 工时。运维人员得以集中精力开展设备操作、缺陷管理以及全寿命周期管理等核心业务，更好地履行设备主人责任制。

## （六）技术创新成果丰硕

新一代实景三维在线智能巡视系统，孵化出以下技术创新成果：

（1）站内一次设备缺陷自动识别，各类表计自动读数，实现人工巡检全替代、故障检查全自动、状态管控全天候，全面提升运维人员能力。

（2）基于实景三维空间坐标，实现巡视点位与视频资源的自动匹配、目标对象自动关联视频、巡视点位视频视野覆盖分析及对新增视频自动生成布点策略等。

（3）从设备目标对象出发（而非从摄像机预置位出发），实现对站内任意设备、位置的“点哪看哪”。

## 案例思考题

（1）通过本案例，你认为能够在三堡变电站成功实现在线智能巡视系统代人巡视的原因是什么?

（2）通过本案例，该团队的做法带给你哪些启发?面对工作中产生的挑战，你会如何有序推进工作?

## 案例启示

在“国家数字新基建”战略目标的指引下，结合国网江苏电力设备管理部在“在线智能巡视系统”方面不断的探索与实践，本案例总结了该系统实践路径的四要素，供读者参考和借鉴。

### （一）顶层设计，优化变电站在线智能巡视系统架构

围绕“机器代人”的核心理念，对整个系统进行顶层设计，分为感知终端、网络接入和系统应用三级部署，结构清晰。变电站在线智能巡视系统架构如图 2 所示。

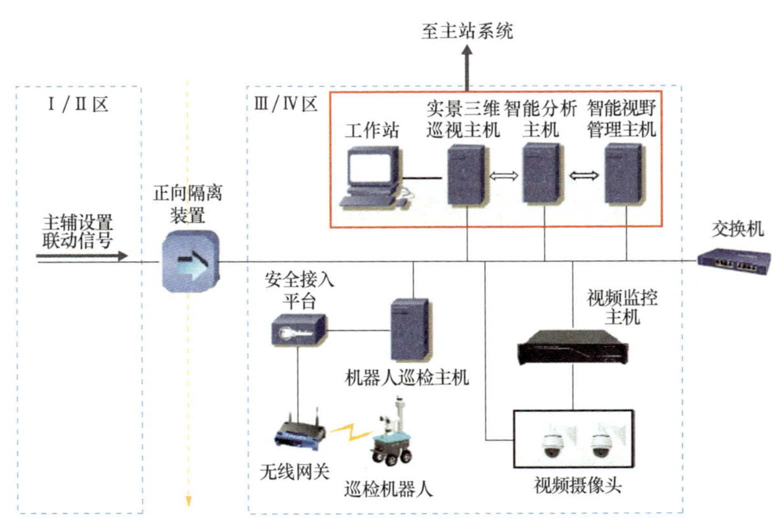


图 2　变电站在线智能巡视系统架构图

## （二）发挥“大脑”作用，整合站内多种巡视资源

巡视主机是变电站智能巡视系统的“大脑”，指挥协调站内各种巡视设备开展在线智能巡视工作，例如例行巡视、全面巡视、熄灯巡视以及个性化的特殊巡视。变电站巡视任务执行如图 3 所示。

图 3　变电站巡视任务执行图

## （三）开展三维智能视野管理，激发各种“沉睡”设备潜能

（1）赋能高清视频监控，优化高清视频布点。通过视野管理机，结合变电站三维激光点云模型，精确定位巡视点空间位置坐标，自动分析计算，生成覆盖站内设备的最优遥视系统布点（安装）方案。同时对任意目标关注点通过视野管理机计算监控资源分布情况，为摄像机、机器人的联合巡视，提供

"点哪看哪"及多机位摄像机的目标点聚焦引导。变电站高清视频优化布点如图 4 所示。

图 4　变电站高清视频优化布点图

（2）深化图像智能分析。深度学习：通过收集异常（异物、渗漏油、破损、污秽等）正反向样本，通过 GPU 学习生成模型文件，巡视过程中通过高清视频采集设备视频图片，输入模型文件并最终判断设备是否存在异常。模式识别：视频对现场设备进行采样，分析服务器对设备进行辨识和分类，并将信息存储到库中，形成本站特有模式信息。智能表计识别界面如图 5 所示。

（3）激发巡检机器人潜力。一是实现巡检机器人自动开关门功能。室内机器人通过地面巡检坐标将实时位置回传给巡检主机，当机器人移动至屏柜门处，巡检主机发出开门指令；待巡检结束，自动发出关门指令。室外机器人到达户外箱柜点位，遥控柜门驱动电动机开启柜门，待巡检结束，发出关门指令。二是实现机器人红外快巡功能。机器人自动定位待测温设备，获取

图 5　智能表计识别界面

其红外图谱并自动提取设备温度，实现了机器人在运动中测温，测温效率提升 100% 以上，并能够具备和红外精测相同的测温精度。红外快巡机器人工作实况如图 6 所示。

图 6　红外快巡机器人工作实况

（4）激发无人机潜力。站内建有无人机固定机场，巡检主机将指令发送到无人机后台，无人机后台把指令传输到固定机场，固定机场在收到指令后立即安排全自动控制无人机起飞开始巡检，同时无人机后台提供图像及数据访问接口，通过该接口巡检主机和图像分析服务器可实时获取无人机图像及巡检数据，实现系统与无人机的智能双向联动。无人机避雷针巡检工作实况如图 7 所示。

图 7　无人机避雷针巡检工作实况

## （四）“软硬”双管齐下，筑牢网络信息安全防线

（1）部署正向隔离装置。I 和 IV 区之间采用非网络方式安全的数据交换，表示层与应用层数据完全单向传输；防止穿透性 TCP 联接，禁止两个应用网关之间直接建立 TCP 联接，建立基于内外两个网卡的两个 TCP 虚拟联接，且只允许数据单向传输。

（2）采用非对称式加密方式。加密和解密使用不同密钥，“公钥”和“私钥”配对使用，极大地提高了数据交换的安全性。

（3）使用数字证书验签。通信中使用数字证书，验证通信实体身份，然后进行加密信息的传输，最后对加密信息进行解密并读取内容。

通过本案例中试点单位的实践分析，技术创新工作往往能给一线班组人员带来很大的帮助，能够有效提升工作效率，减少简单事务性工作的重复劳动时间，从而把班组人员的时间精力投入到解决更重要和复杂的工作中去。当然，技术创新工作也并非一蹴而就、一劳永逸，本案例的成功推行已然为后续工作开展打下了较好的基础，接下来还需要沿着这个方向不断深入挖潜：让机器和技术更好地为人服务！

# 核心要素聚动力　五位一体筑防线
## ——智能变电站继电保护运维能力提升实战案例

**所属类别：**

安全生产

---

**案例摘要：**

智能变电站的快速发展对于继电保护专业管理带来了挑战也提出了要求。继电保护专业迫切需要改变传统的专业管理模式以适应智能变电站的二次系统运维管理需要，保障大电网安全稳定可靠运行。该案例通过构建“五位一体”的智能变电站继电保护专业管理体系，紧扣核心要素，有效提升了国网江苏省电力有限公司（以下简称国网江苏电力）智能变电站继电保护运维能力，为实现“具有中国特色国际领先的能源互联网企业”战略目标提供坚强基础。

---

**案例关键词：**

继电保护　核心要素　五位一体　运维能力

## 案例背景

### （一）事件背景

2010 年 12 月 30 日，全面融合物联网技术的全国首座 220kV 新建智能变电站——无锡西泾变电站投运；2011 年 12 月 28 日，江苏首座 110kV 智能变电站——扬州 110kV 何桥变电站投运；2013 年 3 月 23 日，首座 500kV“两型一化”智能变电站——500kV 溧阳变电站投运……随着国家电网公司智能电网战略的实施，智能变电站开始大范围替代常规变电站，成为新建变电站的主流建设模式。截至 2015 年初，江苏已建成各电压等级智能变电站 184 座，2015 年计划建设 94 座。智能变电站是建设坚强智能电网的关键节点，也是支撑世界一流能源互联网建设目标的重要环节。智能变电站的全面推广建设和投入运行，意味着变电站设备尤其是继电保护等二次设备的技术架构和运行模式发生了重大变化：一是继电保护及其二次系统架构变化巨大；二是智能变电站的检修模式显著改变；三是对于继电保护检修人员的知识技能要求更高。智能变电站的快速发展给继电保护专业管理带来了新挑战，也提出了新要求。继电保护专业迫切需要改变传统的专业管理模式、提升专业运维能力以适应智能变电站的继电保护系统运行管理需要，保障大电网安全稳定运行。

## （二）人物信息

国网江苏省电力有限公司电力调度控制中心（以下简称江苏省调）继电保护处：国网江苏电力继电保护专业管理部门，由王主任直管。处长刘悦，大局观强，思维灵活，有很强的专业前瞻意识。专职李驰，负责智能站专业管理，从事继电保护专业多年，具有较强的组织协调能力。

国网江苏省电力有限公司检修分公司（以下简称检修公司）：负责江苏 500kV 及以上变电站运维检修工作，由李总分管生产工作。运检部专职陈海，负责继电保护专业管理，执行力较强。

# 案例内容

## 一场专业会拉开智能站全面提升的帷幕

2015年初，江苏省调按例组织召开年度继电保护专业会，王主任、刘悦，各地市供电公司和省检修公司分管领导、相关专职参会。会上，王主任提出国网江苏电力继电保护专业在国家电网范围内一直保持领先水平，目前智能变电站已开始大范围推广，成为今后变电站的建设趋势，但由于智能变电站二次系统运维检修模式与传统变电站间存在较大差别，需要从专业管理、运检人员技能水平等方面全面适应继电保护专业发展需求。

“智能变电站以光纤虚回路代替电缆二次回路，以配置文件描述二次设备能力及设备间连接关系，通过计算机技术和网络通信技术实现信息交互和共享，彻底改变了传统变电站的常规电气量信息交互方式。继电保护专业提升确实面临着新的挑战。”刘悦着重指出智能变电站的特点。

“智能变电站技术与传统变电站差别很大，尤其智能变电站测试仪器使用、二次安全措施执行、配置文件管控等都与传统变电站检修模式不同，导致智能变电站的现场调试检修、故障缺陷处理过度依赖集成厂家，作业效率不高，工作质量不佳，继电保护检修人员的智能变电站相关知识结构和操作技能水平不能满足生产运行需求。当前500kV变电站都按照智能站要求建设，生产一线二次人员压力很大。”省检修公司李总对刘悦的发言表示赞同，同时也提出了作为生产单位的担忧。

“这是一个严峻的问题，各地市供电公司也面临着同样的考验。以往各单位掌握智能站技术的人员较少、培训形式不统一，跟不上智能站的发展速度。当务之急是采取有体系的、循序渐进的全员提升举措，强化江苏继电保护专业队伍，提升智能站技术水平。本年度继保处将制定详细方案，也请各基层单位积极参与，主动作为。”王主任指明了下一步工作要点。

会后，继保处立马行动起来，针对目前存在的问题开始谋划解决方案，由刘悦总负责，李驰组织实施，各基层单位配合，全面启动智能站提升行动。

## 全员培训奠定专业发展基础

为快速推进工作，刘悦在专业会次日即组织各单位共同讨论智能站提升方案。会上，大家一致认为，智能站专业提升工作切不可急功近利，全面、系统、扎实的培训才是一切工作的基础，否则后续工作将成为空中楼阁。然而，对于参培人员覆盖面、培训周期、培训形式，大家却各执己见。

“二次人员人数太多，班组工作承载力不足，短时间内人员大范围参加培训比较困难，况且智能站目前在全省占比不大，能否每个班组内部进行职责划分，让一部分员工专门负责智能站，由他们参加培训即可。”陈海首先提出他的观点。

“从长远角度考虑，需要全员掌握智能站继电保护技术，否则很容易出现班组内部工作量不均衡、人员梯队青黄不接的情况。”李驰对此提出了不同意见。

“说得有道理，全省继电保护从业人员都有必要参加培训。但为了不影响生产工作，我建议以三年为周期，采取分批次、多维度的培训形式，先培养一批专业骨干带动其他二次人员，逐渐形成人才梯队，既有顶尖技术能手，又能达到全员能力提升的效果。所有通过培训的人员将颁发合格证书，持证上岗。”刘悦表达完自己的观点，其他参会人员纷纷表示赞同，当天就敲定了培训工作的主要方针。

明确方向后，为确保培训工作稳步推进，刘悦和李驰组织构建了领导小组－工作小组－专家小组的三级机构，形成江苏省调领导，基层单位推进，专家支持的培训体系。在团队的通力协作下，继保处在国家电网公司系统内率先提出了全覆盖、实用型智能变电站继电保护全员培训考核新模式，计划用 3 年时间（2016~2018）着力实施“四个一”工程：建立一套培训体系、编制一套培训教材、形成一套专业题库、培养一批技术骨干。

该项举措得到了各单位的广泛支持，在三级组织机构的大力推动下，智能站继电保护题库及教材编制、实训室搭建、培训班施教均有条不紊地推进。

转眼到了 2016 年 9 月，首批智能变电站考核工作在苏州生产技能培训中心实施，全省 370 余名二次人员参加考核，参培人员此前已经过系统培训并顺利通过了理论知识、SCD 文件编制及技能操作考试，最终考核通过率达 100%。刘悦和李驰全程观摩了考核过程，对培训成效非常满意。培训实实在在地提升了二次检修班组的智能变电站继电保护专业理论技术及实际动手操作能力，缓解了各单位的工作压力。国网江苏电力智能变电站调试检修能力考试合格证书如图 1 所示。

图 1　国网江苏电力智能变电站调试检修能力考试合格证书

与此同时，通过“四个一”工程培养的智能站继电保护青年骨干迅速成长、崭露头角。2016 年，国网江苏电力荣获华东电网第四轮技术技能竞赛（继电保护专业）团体二等奖（见图 2）和个人第二的佳绩；2017 年，在江苏省电力行业继电保护职业技能竞赛中获得团体一等奖（见图 3），并包揽了团体前三和个人前三。

图 2　荣获华东地区继电保护竞赛团体二等奖

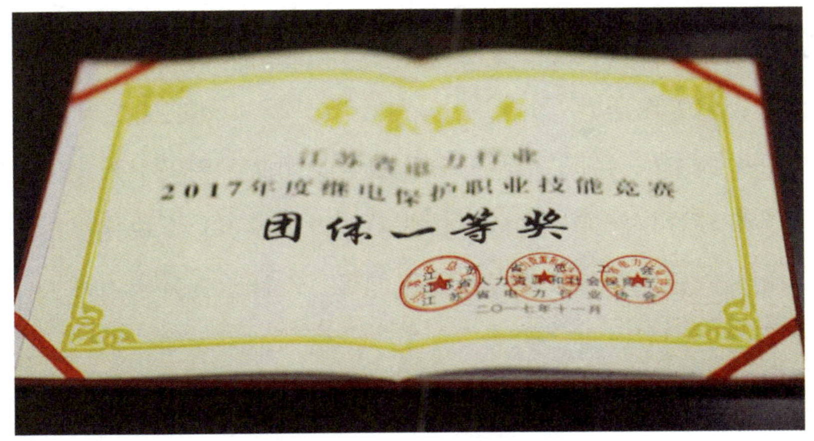


图 3　荣获江苏省电力行业竞赛团体一等奖

## 岗位评价激励专业发展动力

“四个一”培养成果卓有成效，智能站继电保护专业队伍逐渐壮大，所有人都认为智能站工作应该会按此趋势稳步提升。

然而，在一次继保处与省检修公司的座谈会中却出现了不一样的声音……

陈海反映，当前二次班组存在一种情况，已经通过智能站考核的人员，对智能站学习热情严重下降，因为员工更为关心的是与工资、绩效相关的技能等级考试，而当前无论高级工、技师考试都不包含智能站内容，不少员工丧失了继续学习的动力。

空气有些凝固，刘悦和李驰都陷入了沉思。许久，刘悦指出员工的这种想法看似缺乏上进心，但也在情理之中，当前技能等级评价体系与智能变电站培训关联弱，已跟不上继电保护专业的发展趋势，员工缺少激励，自然会动力不足。

刘悦随即与国网江苏电力人资部对接，以省公司专业技能等级评价变革为契机，优化岗位评价体系，充分发挥绩效激励机制的导向作用，进一步激发继电保护人员工作活力。

按照刘悦的工作方针，李驰开始组织专家团队，积极引入岗位胜任能力评价模型，开发评价题库，构建评价体系，以知识点、模块化等形式纳入智能变电站相关知识内容以及现场操作技能等，以评价提升学习动力，以绩效激励工作效力，同时，将“四个一”工程的培训结果与绩效挂钩，激发学习动力，激活工作干劲，从整体上提升班组现场工作能力。

## 案例汇编促进现场经验分享

智能变电站培训体系和评价体系已日趋完善，一切工作都已步入正轨。但在 2017 年度继电保护设备缺陷分析报告编制过程中，刘悦敏锐地发现，智能变电站继电保护平均消缺时间仍高于常规变电站，随即要求李驰通过调研基层单位了解情况。

经过 1 天的调研工作，李驰将了解到的情况向刘悦汇报，智能变电站继电保护消缺时间偏长的主要原因在于人员经验不足，虽然二次人员都已经过培训，但经验的积累却难以在短时间内提升。

这一情况在刘悦的预料之内，事实上她也已经在筹备开展经验交流提升的工作。刘悦与李驰商议之后，决定强化智能站继电保护知识管理工作，主要开展两方面工作，一是梳理智能站典型作业案例和技巧，促进经验分享；二是开展智能站典型故障案例汇编，提升故障处理能力。

李驰立即着手组织相关工作实施，以前期组建的智能站专家团队为基础，重点开展两项工作：

（1）将师带徒传授的经验梳理形成典型案例，定期组织开展班组作业技巧收集整理工作，从工艺技巧、试验技巧、消缺技巧、安措技巧、巡视技巧等方面，重点传授现场工作的小绝招、小窍门，通过视频演示等直观展现方式让大家“一看就懂”“一学就会”，通过班组长培训班、专业月报、微信公众号等多种形式进行传播分享。

（2）强化智能变电站典型故障分析，充分发挥国网江苏电力继电保护专家团队以及班组一线骨干的力量，组织按年度开展典型动作或故障案例汇编工作，加强事故案例的总结归纳和经验共享，提高专业人员故障分析处理能力。

在团队的努力下，智能站专业资源不断累积，知识库逐渐充实，截至当前已编制多本书籍（见图 4），部分已出版发行，成果斐然。

图 4　典型案例及作业技巧相关书籍

## 规范编制强化基层工作标准

开展案例开发的同时，刘悦同时将目光放在了智能变电站现场工作规范性和标准化问题上。各单位智能站继电保护人才梯队虽已逐步建立，但不同单位、不同员工之间工作习惯有一定差异，部分二次人员甚至存在工作流程不清楚，安措顺序不合理，连接片、定值等关键环节出纰漏的情况，为现场工作带来一定安全隐患。

为有效维护江苏电网智能变电站的安全稳定运行，必须将继电保护工作中存在的不良习惯问题遏制在萌芽阶段。于是，李驰联系国网江苏电力电科院及地市公司智能站专家，以基层单位为依托，开发智能站继电保护标准体系。

智能站专家团队全面考虑了智能站管理的关键环节，制定了标准化管理、标准化作业两个方向的标准体系。

经过充分调研，梳理前期规程，团队针对智能站继电保护调试和检修工作，完善智能变电站二次设备的检修规程，编制智能站继电保护工程验收、运行巡视及定期检验等标准化作业指导书，实现现场工作同质化管理。同时研究制定智能变电站设备管理、专业管理等的工作规范，制定智能变电站二次设备运行评价规程，开展对智能变电站的继电保护及二次系统的可靠性评价工作，充分利用新技术、新设备，结合运行管理要求，试点开展继电保护及相关设备的状态检修工作。

为保证智能变电站 SCD 文件规范化管理，李驰组织开发了配置文件管理系统，并制定了配置文件运行管理规范，确保关键文件可控、在控。智能变电站 SCD 配置文件管理系统主界面如图 5 所示。

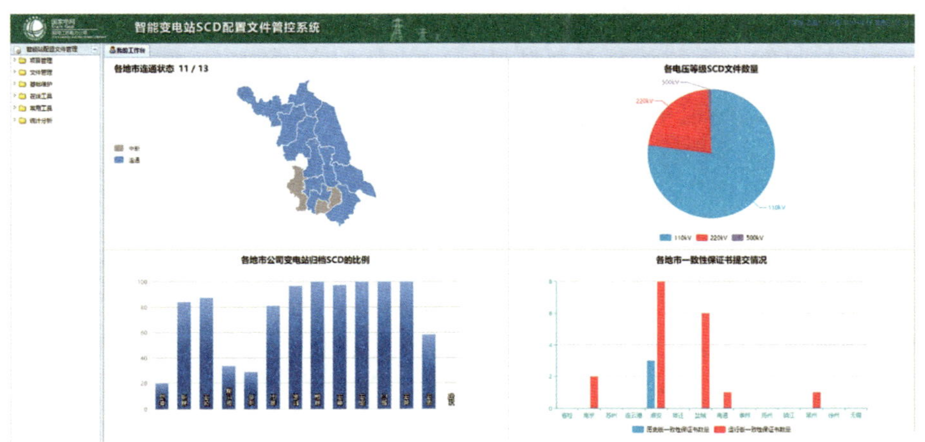


图 5　智能变电站 SCD 配置文件管理系统主界面

## 科技创新促进专业攻坚克难

随着智能变电站的大范围推广，基层单位逐渐开始发现智能变电站前期设计、应用的缺点，并将问题及时反馈给继电保护处。李驰对这些问题进行了梳理，其中两个主要问题引起了刘悦的重视。

一是在智能变电站改扩建过程中，重新下装母线保护过程层配置文件后，当前验证母线保护中与非改扩建间隔二次回路配置信息的方法，不仅调试验收工作量大，而且存在一定的安全风险，成为困扰现场工作的一大难题。二是 110kV 线路保护电压由母线合并单元级联到间隔合并单元时，一旦母线合并单元异常，将会影响到所有线路间隔的电压采样，使各间隔线路保护的距离、方向零序保护退出，严重降低了以距离、零序为主保护的 110kV 线路保护的选择性、速动性。

考虑到当前尚无应对这两个问题的技术手段，刘悦决定依托科技创新，突破固定思维，开发新的应用工具和设备，解决现场工作和安全运行的痛点、难点。这个想法得到王主任的大力支持，很快，这两项工作迅速落实为科技项目。李驰作为主要负责人承担了两个项目的推进工作。

经过反复的方案讨论和科研团队持续数月的不懈努力，两个项目进展顺利。为解决第一个问题，项目团队开发了智能站母线保护过程层配置文件按间隔校验工具（见图 6），可实现对母线保护过程层配置文件修改前后变化的精准评估以及精确定位；针对第二个问题，项目团队则开展了间隔合并单元母线电压无缝切换技术的研究，并与主流厂家共同开发了具备母线电压无缝切换的间隔合并单元。两个项目目前均已试点应用，有效性得到了验证。

菜单栏

| 原配置文件 | | 现配置文件 | | |
|---|---|---|---|---|
| 间隔1 | 间隔1CRC码 | 间隔1 | 间隔1CRC码 | 未变更 |
| 间隔2 | 间隔2CRC码 | 间隔2 | 间隔2CRC码 | 未变更 |
| 间隔3 | 间隔3CRC码 | 间隔3 | 间隔3CRC码 | 未变更 |
| 间隔4 | 间隔4CRC码 | 间隔4 | 间隔4CRC码 | 未变更 |
| 间隔5 | 间隔5CRC码 | 间隔5 | 间隔5CRC码 | 有变更 |

图 6　智能站母线保护过程层配置文件按间隔校验工具界面示意图

## 案例成果

本案例在科学辨识智能变电站继电保护管理核心要素的基础上，统筹谋划、系统设计的智能变电站继电保护系统运维管理新体系，具有开创性、引领性，聚动力、提效率，全面承接智能变电站快速发展的新形势，全面提升公司智能变电站的运维管理水平，产生了较好的安全效益、管理效益和经济效益。

### （一）安全效益

突出“培训、评价、案例、规范以及科技”五要素，以提升从业人员素质为入口，构建培训体系、优化绩效评价，大幅提高了继电保护检修人员对于智能变电站运维调试水平和故障缺陷处理的能力，通过细化智能变电站继电保护运维规范，进一步明确了工作要求，规范了运行巡视、检修校验等的关键步骤和工作流程，夯实了本质安全基础。

### （二）管理效益

提升了现场管理水平，在传统专业月报、班组安全会等基础上，丰富微信公众号、移动题库等信息化平台，加强工作讨论和学习分享，提升了学习思考的时效性，不光是能及时发现问题，更注重及时分析解决问题和共享经验技巧，向管理上要效率，以效率提升质量。提升了现场运维效益，在智能变电站继电保护设备设计审查、工程验收、运行维护、周期校验、缺陷处理等方面加强管控。2018 年，缺陷平均消缺时间为 8.6h，相较于 2015 年的平均消缺时间 28h，班组工作效率大有提高。

### （三）经济效益

得益于科技创新的力量，在智能变电站的专业和技术管理上都加大了新技术的使用力度，这些创新举措和技术运用大大降低了运维成本，具有显著的经济效益。2015 年到 2018 年期间，国网江苏电力智能变电站已实现了规模翻番，但继电保护检修人员数量并没有变化，人均生产效率实现了翻倍。

## 案例思考题

（1）通过本案例，你认为你所在的电力专业领域发生技术革新时，应该从哪些方面做出应对举措？

（2）通过本案例，刘悦、李驰的做法给你哪些启发？面对专业工作中的一个个挑战，你是否有更好的做法？

## 案例启示

面对专业领域的新发展、新挑战，紧扣专业发展核心要素，是确保专业扎实根基、稳步发展的关键。本案例提供了应对专业技术革新的“五位一体”专业管理体系（见图 7），供读者参考和借鉴。

以培训提升专业技能水平。案例中始终坚持人员是专业发展的基础，面对专业挑战，以培训为抓手，扎实提升专业人员整体技能水平，才能站稳脚跟，找到着力点。

以评价优化专业激励手段。案例中以培训为基础，以评价为手段，在建

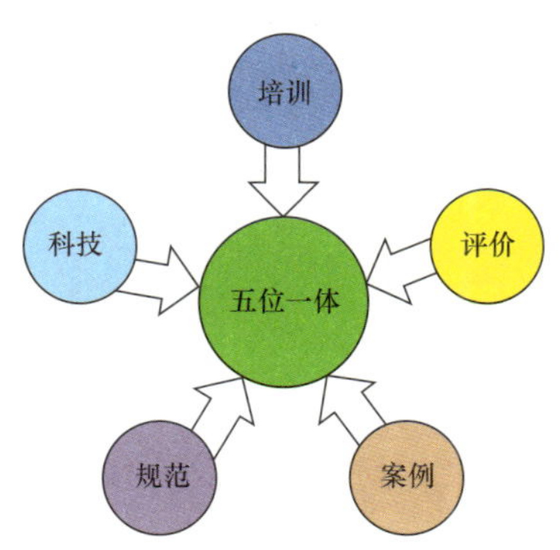


图7 “五位一体”专业管理体系

立了科学系统的培训体系后，如何进一步发挥绩效激励机制的导向作用，是进一步激发专业人员工作活力的重要手段之一。

以案例促进经验广泛分享。培训和评价体系建设是促进专业基础进步的有效途径，而经验则是拔高专业高度、拓宽专业视野的关键，案例和技巧作为承载经验的有效载体，其广泛分享可推动专业快速提升。

以规范强化基层工作标准。良好的管理和作业习惯保障了专业始终向正确的方向发展，规程规范的制定正是纠正不良习惯的矫正器，尤其在新兴技术应用之初，标准化至关重要。

以科技激活技术创新动力。当专业遇到技术瓶颈，当工作效率难以提升，摒弃旧思路、谋求新发展是突破壁垒的关键，科技创新正是攻坚克难的主要手段，为专业进步注入无限动力。

# 知行合一　强基固本

## ——变电运维专业融合与安全生产实践案例

**所属类别：**

安全生产

**案例摘要：**

本案例描述了国网江苏省电力有限公司常州供电分公司（以下简称常州供电公司）变电运维室在省公司输变电运检模式优化调整后，统筹做好专业融合与安全生产间关系的实践模式。案例中，以王阳明“知行合一”的核心思想为主线，开展了视频授课、现场学习及双向学习等全方位多角度的融合培训，致“良知”；严格执行到岗到位的生产制度，促进安全意识的养成，落实安全生产责任制，突出“以人为本”的安全生产理念，“行”之有效；最终实现专业融合有序开展，安全生产可控、在控、能控，达到“知行合一”的目的。案例提出了常州供电公司变电运维室协调专业融合和安全生产关系的实践路径，具有良好的借鉴和推广意义。

**案例关键词：**

变电运维　安全生产　专业融合　知行合一

# 案例背景

## （一）事件背景

2018 年 8 月，国网江苏省电力有限公司（以下简称国网江苏电力）输变电运检模式优化调整后，220kV 变电设备、运维人员调整至市公司，常州供电公司变电运维室负责常州地区 157 座 220kV 及以下变电站运维管理工作。共有员工 209 人（见图 1），其中，管理人员 16 人，班组长 33 人，班组生产人员 160 人。变电运维室下设 10 个班组，5 个 110kV 运维班组负责 108 座 110kV 及以下变电站运维，5 个 220kV 运维班组负责 49 座 220kV 变电站运维。

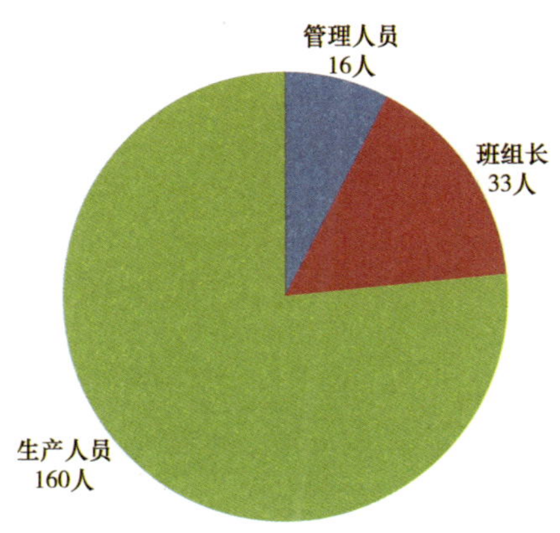


图 1　变电运维室人员组成

按照国网江苏电力要求，2019 年 1 月底变电运维专业需融合到位，实施以 220kV 变电站为中心，辐射周边 110kV 及以下变电站的运维模式。对于常州供电公司变电运维室来说，这是一项艰难的任务和挑战，面对专业融合时间紧、年内生产任务重、运维人员承载力不足、安全生产压力大等问题，如何克服困难、破解难题，在短时间内高频次开展 220kV、110kV 运维专业知识培训，并取得良好的实际效果，同时又要保障现场作业安全可控、在控、能控，成为变电运维室管理者的一项紧迫课题。

## （二）人物信息

褚国伟：常州供电公司变电运维室主任、党总支副书记，思维敏捷，管理高效，组织能力强，属于参与型领导类型。

苏慧民：常州供电公司变电运维室副主任，分管技术培训，业务根基扎实，现场经验丰富，属于创新型领导。

李茹：常州供电公司变电运维室延政运维班专业工程师，技术过硬，思路清晰，曾获国家电网公司生产技能专家称号，擅长技术讲课。

# 案例内容

## 融合部署初遇难题

“首先，要告诉大家一个好消息，划分出去 7 年的 220kV 变电设备运维人员要重新回到我们地市公司了，这对我们来说是一个很好的机会，但同时我们肩上的责任也重了……”褚国伟讲到。2018 年 8 月 14 日，常州供电公司变电运维室主任褚国伟就如何高效推进变电运维专业业务融合召开会议（见图 2），变电运维室全体领导、所有专职及班组长参加会议。会上，褚国伟提到，过去几年里，常州供电公司变电运维室所负责管辖的 110kV 及以下变电站出色完成了安全生产任务，各项业绩指标处于公司前列；为了公司业务更好地开展，应国网江苏电力要求，2019 年 1 月底前，变电运维专业相关

图 2　变电运维专业业务融合部署会议

业务要完成融合，而在保证安全生产的前提下，高效开展专业融合，将是一项艰巨的任务和挑战。

110kV 东岱运维班班长张华首先提出班组目前面临的困难："110kV 运维班组成员中，从事过 220kV 运维业务的人员年龄普遍偏大，基本都在 50 岁以上，重新学习并掌握 220kV 运维业务难度较大。近 8 年入职的员工又从未接触过 220kV 变电站，从头开始学习并成长为一名合格的 220kV 正值周期较长。一般情况下，新员工成长为一名 220kV 变电运行'值长'需要 5 年左右，而融合培训只有 5 个月，培训时间严重不足。"

220kV 三井运维班班长戚文杰补充说道："220kV 运维班组人员偏少，5 个 220kV 运维班组，每个班组仅有 16 人左右，每个班组又需运维 10 个 220kV 变电站，而年内 220kV 设备部分生产任务又比较繁重，很多急难险重的工作需加快推进，人员相对紧张，承载力不足。"

"还有一个问题，110kV 运维班组与 220kV 运维班组融合后，班组管辖变电站范围、班组长、班组员工均有较大变化，人员思想波动比较大，而原有人员与回归人员在工作模式、协作方式、生产习惯方面可能需要一段时间的协调。且 110kV 运维人员与 220kV 运维人员对新接收设备情况不熟悉，重新学习需要一个较长过程。”运维专职马剑勋讲道。

短短几分钟，大家抛出了当前面临的各种困难问题，但变电运维专业业务融合势在必行。融合过程中，关键要做到理顺工作流程，抓紧人员培训，健全工作考核制度，克服人员业务能力参差不齐、承载能力不足等问题，全面推动业务深度融合，进一步提升变电运维本质安全基础，真正做到安全生产与专业融合有机统一。

理清了思路，下一步工作就是不断推动深度融合。但业务融合时间短，任务重，且无成功的案例可以借鉴，这可愁坏了褚国伟主任。变电运维专业与企业安全生产息息相关，若在融合过程中，出现不合理的安排，将给企业安全生产带来隐患。

2018 年 8 月 17 日，褚国伟邀请苏慧民和国家电网公司专家李茹等人一起讨论融合计划的制定工作——如何在现有条件下，制定合理的工作计划，在有限时间内完成业务融合。结合人员现状和存在的问题，与会成员开展了激烈讨论。讨论中褚国伟时刻手拿笔记本，随时记录一些好的观点和思路，并将一些好的观点和想法一一列举，分别进行专项分析，预想各个措施在今后具体实施过程中可能存在的问题，并制定相应的解决方案。经过严格论证后，最终，一份热腾腾的融合工作计划顺利出炉。

整个融合过程分为“三步走”（见图 3）。第一步：“知”，组建培训工作组，开展部门和班组两个层面的培训学习，部门层面，以共性知识点为主；班组层面，融合对口班组加强相互交流和现场设备熟悉，选调班组技术骨干

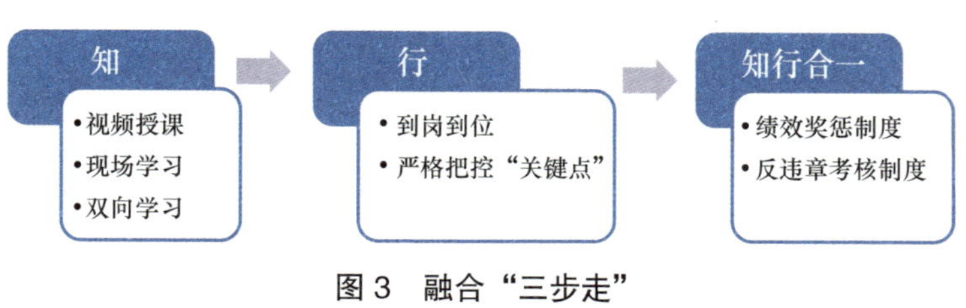


图 3　融合“三步走”

协助对口班组开展技能培训。第二步："行"，落实生产现场到岗到位，工作人员主动深入重要生产现场，及时了解、掌握、控制现场安全态势，严格执行大型停送电操作执行规范及现场秩序，强化倒闸操作规范管理，规范一次安措布置。第三步："知行合一"，优化管理人员业绩考核评价机制，完善绩效经理人评价体系，促进员工主动参与融合培训工作，加强现场反违章考核，建立安全生产"连带责任制"。

## 从"纸上谈兵"到"身体力行"

融合工作的推进方案已经有了眉目，融合培训作为融合"三步走"的第一步，也是关键的一步，显得尤为重要。为了让 110kV 班组的值班员尽快掌握 220kV 的业务知识，褚国伟花了整整一个星期的时间多方调研，与分管培训的副主任苏慧民以及各个班组长进行多方协商探讨，最终确定了一套详尽的多角度全方位培训计划。

2018 年 9 月 1 日起，变电运维室开始每周利用视频系统对全体运维人员开设专题讲课，内容以共性理论和现场操作注意事项为主，一周一个主题，基本覆盖 220kV 变电站知识要点，共包括专题授课 19 次，形成课件 20 余份。授课的老师都是原 220kV 班组的班组长和专业工程师，理论知识全面，现场经验丰富，其中还有一位国家电网公司专家——李茹，虽然只是一位瘦弱的女生，却是巾帼不让须眉的典型代表，凭借硬核的技术在国家电网公司竞赛中脱颖而出，大家都戏称她为"行走的教科书"。国家电网公司专家网络授课画面如图 4 所示。9 月 1 日是传统的开学日，褚国伟特意挑了这个日子正式开展融合培训，他这位变电运维的"大家长"，希望每一名值班员都能以开学的热情与认真的态度，来迎接这个崭新的开始。只要有空，褚国伟都会去会议室现场听课，一支笔一本笔记本，不时地记下些什么，偶尔也会露出若有

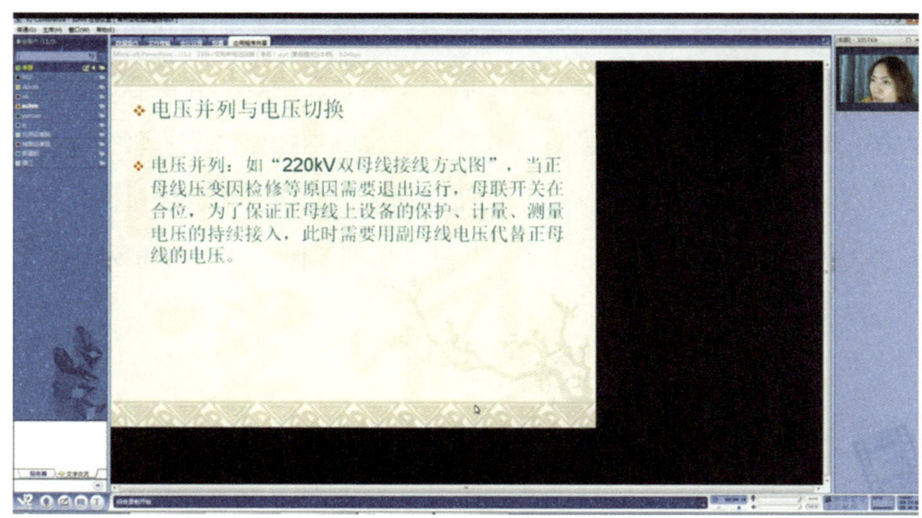


图 4 国家电网公司专家网络授课画面

所思的表情，课后和授课的老师一起探讨问题，给值班员总结重点，仿佛变回了学校里那个求知若渴的工科大男生。

11 月份的时候，视频授课的培训计划已经开展了一大半，值班员对 220kV 的业务知识也有了大致地了解，但褚国伟觉得总是这样纸上谈兵也不是万全之策，于是他又开始根据 220kV 班组的工作计划安排对应的班组去现场实地学习。220kV 白荡变电站就地化改造、220kV 芳渚变电站双母差改造等，都给了值班员绝佳的现场学习机会。

11 月 20 日，芳渚变电站双母差改造工作全部结束。在启动的当天，褚国伟带着 110kV 城南变电站变电运维班的值班员到现场一同参与启动工作。“这高型构架真是吓人，看得我汗毛都竖起来了。”新进大学生甘宁看着寒风中斑驳的高型构架楼梯，不禁打了个寒战。“那以后可得加强锻炼，很多 220kV 的变电站都有这样的高型构架，巡视、操作可免不了在这高型构架上上下下。”褚国伟语重心长地叮嘱着这年轻的小伙子。

启动开始很顺利，但由于省调突然要进行事故处理，启动工作不得不暂时中止。“每次母线侧隔离开关操作后，都要检查对应间隔的二次电压切换是否正常。倒母线的时候，拉母联断路器前一定要检查母联断路器的电流，防止有间隔漏倒。以前的220kV变电站都只有一套220kV母差保护，现在顺应六统一的要求，都要改造成双母差，所谓双母差，就是……”在等待省调发令的时间里，褚国伟也没有闲着，忙着亲自带着值班员熟悉设备，并在操作结束后给他们讲解电压回路和220kV变电站倒闸操作的注意要点（见图5）。继电保护专业出生的他，对于二次设备本来就是如数家珍，自从来到了变电运维室，虽然已经是主任，却从未停止过对变电运行专业的深入学习，尤其是融合培训的这段时间，他也一直跟着大家一起学习220kV的业务知识，如今也是一名“运检合一”的专家了。他深信只有自己参与到这个过程中，才能了解值班员在学习的时候哪个环节薄弱，哪个环节需要加强，才能不断完善培训计划，为大家创造更好的学习环境与条件。

图5 褚国伟讲解电压回路

由于省调要进行事故处理，启动工作整整进行了两天两夜，褚国伟一直陪着值班员们在现场，来换班的值班员都劝他回去休息一下，他也只是揉了一下充血的双眼，在现场的行军床上躺了一小会儿。许多 110kV 的值班员都是三集五大以后才进入工作岗位，第一次经历 220kV 变电站的大型操作，都被这工作强度给震撼到了，不禁感慨要学习的东西还有好多，今后的工作任重而道远。

经过 220kV 芳渚变电站双母差改造的启动工作，褚国伟意识到，融合培训仅仅停留在授课以及偶尔的现场学习还远远不够，绝知此事要躬行，他决定根据融合方向，选派 220kV 班组长、正值到 110kV 班组交流学习，选派 110kV 班组长、青年骨干到 220kV 班组交流学习，实时询问学习进度，保证学而有得，学之有效。双向交流，一方面加快技术力量向融合方向渗透流动，帮助运维人员更快适应融合后的工作模式，另一方面，也通过这种小幅度、高频次的人员交流策略，来保障各班组的基本承载力。就这样，在褚国伟的带领下，融合培训工作多角度、全方位地开展着，逐层推进，有条不紊。图 6 为班组长在进行学习成果汇报。

图 6　班组长学习成果汇报

## 循序渐进的检验之旅

知不易，行更难。融合第二步“行”，尤其如此。融合时间短，涉及人员多，运行差异大，生产任务重。为了让运行人员做好“知”，褚国伟多措并举，已经取得良好的成效。但褚国伟深知，仅仅“知”是远远不够的。纸上谈兵并无益处，安全生产必须落到实处。要“知”，也要“行”。“行”是“知”的重要目的，也是“知”的检验标准。为了更好更快落实“行”，褚国伟的检验之旅早早拉开了序幕。

2018 年 12 月 10 日，220kV 运村变电站面临着 1 号主变压器停电检修的工作。为了加速融合，值班人员由原 220kV 变电运行人员、原 110kV 及以下变电运行人员搭配组成。为了确保安全，运维班长也早早赶赴现场。清晨的天空微微亮，当众人在控制室里等待调度发令的时候，褚国伟走了进来。对于运行人员而言，尤其是原 220kV 变电站运行人员，今天的工作并不算复杂。褚国伟的突然到来，让大家吃了一惊。对于入职刚满一年的小李来说，尤其如此。

“不要紧张，重点放在各自的工作上就好，”褚国伟微微一笑，“我只是来看看大家的工作，不是来影响大家的工作哇。”

“对，大家定心点。”运维班长点点头，“操作人、监护人预想好接下来的操作内容。其他人在一旁好好观察，熟悉熟悉。”

“小李同志是原 220kV 运行人员，对于这次融合，有什么面临的困难吗？”褚国伟看着在一旁略带紧张的小李问。

“原 220kV 运行、原 110kV 及以下运行，在操作术语、操作规范上存在着差异，”小李想了想，回答道，“这个可能会引起混淆、误解，对于像我这样的新员工来说，更是如此。”

“说得对，至于如何解决，”褚国伟思忖一番说道，“编写合理、统一的操作规范，很有必要！”

说话间，电话响了，调度发令开始正式操作，整个操作过程十分顺利。对于融合人员而言，从“知”到“行”，又迈进了一步。

在这之后，褚国伟还多次亲临生产现场，从 110kV 变电站到 220kV 变电站，从简单工作到复杂工作，以确保将“行”落实到每一处。

多次从“知”到“行”的检验之旅，让褚国伟看到，这次专业融合的工作，取得了较为满意的成果。但他并没有就此止步，如何规范、如何落实、如何巩固，是他仍在思考的问题。一次次的检验之旅，开始在他的脑海里闪过。

他想起第一次检验之旅，运维班长早早来到变电站参与主变压器停电的场景，以及很多值班员为了熟悉新设备新操作也积极旁站学习的场景。他想到了关键的两点：

一是生产现场到岗到位。

二是安全意识的养成。

他想起其中一次检验之旅，有班组长向他反映融合之初，少数运行人员安于自己熟悉的工作、在接触新工作时存在懈怠的问题。这让他意识到落实安全生产责任制势在必行。

他想起在检验之旅中询问困难之处时，有不少值班员提及融合之初对新的电压等级、新的工作内容、新的操作注意点掌握不够全面，这让他颇为重视。总结归纳不同工作的安全预控，让运行人员把握工作的关键点。严格把控“关键点”环节，很有必要。

回顾起检验之旅，他明白，不只是自己，所有的运行人员都面临着更严峻的生产压力。他觉得，安全生产，必须要突出“以人为本”。积极了解各班组在岗人员和交流人员情况，分析工作承载力，对于做好安全生产工作，意义重大。

由此，褚国伟总结出五点：一是生产现场到岗到位。二是安全意识的养成。三是落实安全生产责任制。四是严格把控“关键点”环节。五是安全生产突出“以人为本”。

这五点，既有“要我安全”的规范、制度，又有“我要安全”的策略、措施。可以说，从意识到行为，从人员到制度，从检验到评价，都为“行”的进一步落实提供了有效的保障。这五点，很快在融合工作中有序实施，效果良好，“行”之有效。

## 一边激励，一边考核，多措并举促再提升

转眼220kV回归地市公司已经过去了4个月时间，距离国网江苏电力要求的2019年1月底完成变电运维专业融合只剩下不到一个月的时间。“既然已经做到了融合‘三步走’的第一步‘知’，第二步‘行’也已经初见成效，那么现在是时候统筹好两者关系，做到‘知行合一’了。”褚国伟心里不停地琢磨着。

说干就干，褚国伟召集部门领导和相关专职，开了一次关于促进专业融合进而促进安全生产的会议。“我们融合培训已经进行了4个多月的时间，员工们的知识储备有了很大幅度的提升，生产工作也在平稳地进行，总体还可以。今天我们讨论一下，如何将前阶段的培训工作和今后的安全生产紧密结合起来，真正做到‘知行合一’。”会议一开始，褚国伟便直奔主题，抛出会议重点引发大家思考。

在经过一轮激烈的讨论后，会议基本得出两点结论：

一是采取激励措施，鼓励大家进一步学习融合培训的专业知识，让大家明白1月份融合后并不是学习的终止，而是新的开始，是要将自己前阶段所

学知识运用到实际中。

二是采取考核措施，时刻紧绷安全生产这根弦，在开展培训学习的同时，严抓现场，认真做好安全管控，对每一起违章行为进行严肃处理。

会后，褚国伟立即布置负责绩效管理的专职刘泽优化绩效管理体系，安全专职许良修订《变电运维室反违章考核奖励细则》。在经过近一周的修订后，刘泽和许良拿着修订稿向褚国伟进行了初步的汇报，但被褚国伟当场否决："绩效奖金分配差距拉得不够大，对大家学习 220kV 业务知识的积极性刺激不够，也不能充分体现多劳多得，现在吃大锅饭的时代已经过去了。反违章考核不能只针对班组员工，相关管理专职也要体现，进行'连带考核'。"

"看来是要下大决心促进 220kV 业务在短时间内再提升了，我们写的奖惩方案确实跟之前的差别不明显。要不我们去班组调研一下，看看大家的想法，然后找个奖惩平衡点，促进大家进一步提升的同时，也能防止奖惩过头，走向另一极端。"从主任办公室走出来后，许良就跟刘泽商量起进一步优化奖惩方案的事情。

在通过对两种班组不同年龄层次、不同职务级别的人员调研后，许良和刘泽重新修订了绩效管理体系及《变电运维室反违章考核奖励细则》，并在 2019 年 1 月 15 日专题会议上审核通过。

在二次绩效分配上将 220kV 正值奖金系数提升至 1.2，110kV 副职奖金系数降低至 1.0，激励 110kV 值班员学习 220kV 运维业务的积极性。同时增加运维工作专项奖励，对于在安全生产过程中及时发现和制止重大事故隐患、发现的较大设备缺陷和异常，按电压等级分级别实施专项奖励，鼓励员工积极从事 220kV 运维业务，促进专业融合深度开展。

针对两票三制、工作质量、交通安全、文明生产等违章按类别进行考核，坚持"有规必循，违规必究"的原则，对每一项违规违章行为进行严肃处理，杜绝习惯性违章行为发生。相应的班组长、运维专职也要连带考核，倒逼班组长及运维专职加强现场工作安全管理，开展融合培训的同时，时刻保持“适度紧张”的状态，认真管控好每个生产现场并保证安全。

在建立科学合理的考核体系，促进专业融合与安全生产“知行合一”后，变电运维室于1月21日召开会议宣布班组融合正式到位（见图7），将原来的10个220kV、110kV运维班组人员重组，重新组建8个以220kV变电站为中心辐射周边站所的新班组。

图7　1月21日召开会议宣布班组融合到位

“大家知道，为什么选择1月21日进行班组融合吗？一方面是希望大家融合后不要停止学习的步伐，要‘1’‘2’‘1’大步向前走，不断进步，持续提高，离深度融合还有很长一段路要走。另一方面‘121’寓意110kV和220kV合二为一，希望今天作为一个新的起点，大家努力工作，从此不再分110kV班组、220kV班组，我们要开始打通仗。”褚国伟在会上对四个月来的融合工作进行了总结，并鼓励大家继续努力，做到知行合一。

至此，历时近5个月的专业融合工作基本告一段落，常州供电公司变电运维室上下齐心协力，让融合培训的“知”和安全生产的“行”紧密联系，最终如期将 220kV 与 110kV 业务融合到位。

## 案例成果

通过近五个月的专业融合工作的推进与实践，常州供电公司变电运维室取得了以下成果：

### 1. 培训选拔提升技能

通过有针对性的培训，至 2019 年 1 月底，变电运维室 220kV 运维人员全部具备 110kV 变电站运维资格，18 名 110kV 运维班组班组长全部具备 220kV 正值资格，19 名优秀 110kV 运维人员具备 220kV 正值资格，71 名 110kV 运维人员具备 220kV 副值资格，为 8 个融合后的 220kV 运维班组提供必要的人力条件和安全基础。班组融合前后具备条件生产人员的人数对比如图 8 所示。

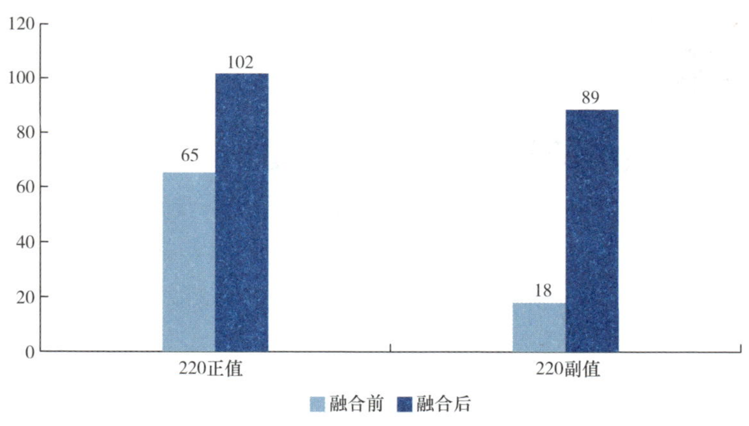


图 8　班组融合前后具备条件生产人员的人数对比

### 2. 建章立制提供保障

结合 220kV 运维业务的特点，变电运维室重新修订了《变电运维室道闸操作管理规定》《变电运维室反违章考核奖励实施细则》《变电运维室岗位资格考试管理办法》《变电运维室五防解锁及要是管理规定》《变电运维室 50 条现场行为禁令》《变电运维室绩效管理实施细则》(见图9),下发了《变电运维室关于统一“两票”规范管理相关要求的通知》《变电运维室关于使用大型工作预控单及相关要求的通知》,重新梳理了信息报送流程、生产计划流程、缺陷管理流程等,为220kV运维业务安全生产提供了坚强的制度保障。

- ◆ 值长按1.25执行。
- ◆ 正值A(具备220kV正值和110kV正值资格)奖金系数按1.2执行,不具备110kV正值资格的220kV正值按1.16执行。
- ◆ 正值B(具备110kV正值和220kV副值资格)奖金系数按1.12执行,不具备220kV副值资格的110kV正值按1.08执行。
- ◆ 副值A(具备220kV副值和110kV副值资格)奖金系数按1.04执行,不具备110kV副值资格的220kV副值按1.0执行。
- ◆ 副值B(具备110kV副值资格)奖金系数按1.0执行。

**图9 绩效管理实施细则(局部)**

### 3. 知行合一提质增效

融合前,变电运维室下设10个班组,5个110kV运维班组负责108座110kV及以下变电运维站,5个220kV运维班组负责49座220kV变电运维站。融合后,10个班组整合为8个班组,班组平均人数从16人增加到20人左右,每个值的人数也从3人增加到4人,班组工作安排更加灵活高效。除此之外,通过合理的人员安排,将原110kV班组值班员与220kV班组值班员分配在一个班组,增进彼此的了解,促进相互间的学习,在减轻值班员负担,营造变电运维室和谐氛围的同时,也提高了运维工作的效率与质量。

通过近5个月的实践,合理统筹专业融合与安全生产这对矛盾关系,使两者相辅相成,最终实现专业融合有序开展,安全生产可控在控,运维工作提质增效。变电运维室通过加快融合培训,压缩过渡时间,将不稳定因素尽快降至最低,将整个变电运维室的生产管理迅速拉至安全平稳运行的状态,这对整个电网的安全运行意义极大,实现了生产零事故,社会用电得到可靠保障,切实履行了社会责任。

## 案例思考题

（1）通过本案例，你认为“知行合一”与“安全生产管理”之间，存在怎样的相互关系？

（2）通过本案例，褚国伟在此次专业融合中的做法给你哪些启发？你会如何利用好“知行合一”来保障日益重要的安全生产管理工作？

## 案例启示

没有“知”时，“行”是盲目危险的，安全隐患将一直存在；没有“行”时，“知”是脱离实际的，生产工作将难以开展；没有“管理”时，或者“知”而不“行”，或者“行”而不“知”，安全不明、生产混乱，安全生产将岌岌可危。可以说，“知”是“安全”的保障，“行”是“生产”的途径。只有合理的“管理”，才能促进“知”“行”兼顾；只有做好“知行合一”，才能确保安全生产。

本案例结合变电运维专业融合的工作实例，提出“知行合一巩固安全生产管理三角形”的理念，以供读者参考和借鉴。

### 安全生产管理三角形

影响电力安全生产的因素主要包括电网设备、人员操作、生产管理这三个方面。用这三个方面分别定义三角形的三条边：安全的设备边、安全的管理边、安全的操作边。这三条边所构成的三角形即为“安全生产管理三角形”，三条边所包围的区域，即为安全区域（见图 10）。当三条边长度相等，当电

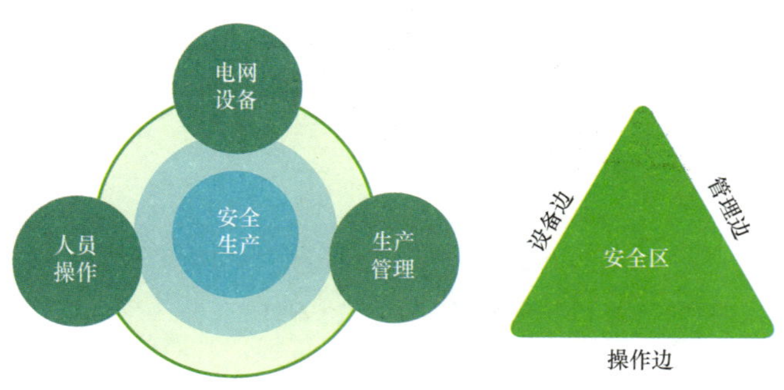


图 10　安全生产管理三角形

网设备、人员操作、生产管理平衡时，即构成“安全生产管理三角形”。

## 三角形理论一：边边相依，缺一则为零

三条边，必须两两相依，才能围成三角形，才能形成封闭区域。同样的，设备、操作、管理必须相互关联，才有相应的安全生产。“设备边”与“操作边”分离，电网设备无人管理，“生产”如空中楼阁；“管理边”与“操作边”分离，人的行为无制度约束，“安全”将岌岌可危；“设备边”与“管理边”分离，电网设备无制度管理，“安全”存有隐患，“生产”亦无保障。只有“设备”“操作”“管理”三者紧密相连，三角形才能存在，安全生产才能得到保障。

## 三角形理论二：平衡投入，安全最大化

周长不变时，三条边相等的三角形最稳固，面积最大。同样的，当投入固定时，“设备”“操作”“管理”平衡投入，安全生产管理三角形最稳固，安全区域才能最大。任意一边缩短，将使三角形的面积减小。当“设备”质量不佳时，会增大“操作”风险，降低“管理”效率；当“管理”存在不足时，

将影响“设备”使用周期，降低“操作”正确性；当“操作”存在不足时，将降低“管理”执行力度，影响“设备”使用周期。可见，任意一项存在短板，都将使安全生产大打折扣。

## 知行合一巩固安全生产管理三角形

在此次运维专业融合的进程中，充分利用了“安全生产管理三角形”的理念和“知行合一”的理念，并将两者融会贯通，形成了“知行合一”持续巩固“安全生产管理三角形”的良好局面。

其一，明确边边相依。此次专业融合中，明确了“设备”“操作”“管理”的具体内容，编制设备操作规范，明确设备管理制度，管理人员操作水平，加强了彼此之间的联系。

其二，做到平衡投入。此次专业融合中，从设备操作的理论学习到实践落实，从管理运行的交流探讨到规章制定，时间安排合理、资源投入均衡，既加速了融合进程，又避免顾此失彼，确保了安全生产。

“知行合一”，要一点一滴落到实处。安全生产，要每时每刻不能放松。安全生产没有终点，安全生产管理三角形的面积也存在继续增大的可能，必须持续不断将知行合一应用于“安全生产管理三角形”，让三角形的每一条边更长，让安全生产更有保障。

# 02 党建引领篇

PART 2

# 由卓越执行到自我驱动
## ——电网企业基于能源互联网背景下的现代班组建设实践案例

**所属类别：**

党建引领

---

**案例摘要：**

本案例描述了在能源互联网背景下国网江苏省电力有限公司（以下简称国网江苏电力）的现代班组建设实践。案例中，通过在省公司组建现代班组建设领导小组，在各地市公司、直属单位建立实施工作组，构建“组织有序、权责分明”的现代班组建设管理体系；从组织架构、作业模式、团队管理等方面高效推动现代班组建设，促进班组业务融合，提升班组职工队伍素质和服务水平；构建以客户为中心的现代服务体系，不断满足人民群众的用电需求，推动国有企业持续做强做优做大，更好地服务国家在新时代的发展战略和建设“强富美高”新江苏的战略部署。案例中提出的现代班组建设的战略目标、发展理念和实践路径，对工程施工企业、生产型企业都具有较好的借鉴和推广意义。

---

**案例关键词：**

班组　战略　融合　服务

# 案例背景

## （一）事件背景

国网江苏电力是国家电网公司系统规模最大的省级电网公司之一，现辖13个市、51个县（市）公司及20余个科研、检修、施工等单位，服务全省4000多万电力客户，共有班组5377个，其中主业班组2164个（生产班组1269个，营销班组608个，调度、信通、仓储班组287个）、农电班组2425个、集体企业班组788个，一线班组员工7.1万余人。

随着电力体制改革加快推进，供给侧改革和能源消费革命不断深入，售电侧市场和增量配电业务放开力度持续加大。转机制，增动能，国网江苏电力作为国家电网公司系统的“排头兵”，务必按照国有企业“六个力量”的定位要求，承担起推动能源绿色发展的重任，在推进能源领域供给侧结构性改革、大气污染防治、援疆援藏、农村脱贫攻坚、新能源发展等方面必须敢于担当，勇于变革，持续挖掘提质增效潜力，提高全要素生产率，放大国有资本功能。班组是企业的根基，班组强则企业强。企业所有的发展战略、任务目标最终都要落实到每一个班组和每个岗位，必须把班组建设作为实施企业战略管理的重要组成部分，主动研究班组发展新趋势，积极探索班组建设新模式，为企业发展构筑坚实基础和引擎力量。

## （二）人物信息

国网江苏电力工会：省公司班组建设管理的牵头部门，由工会主席刘主席直管。部长王峰（化名），项目负责人，具有创新意识和超前思维，属于授权型领导。

国网江苏省电力有限公司苏州供电分公司工会：国网江苏省电力有限公司苏州供电分公司（以下简称苏州供电公司）班组建设管理的牵头部门，由工会主席岳主席直管。部门主任张山（化名），具有多部门工作经验，工作协调能力较强；专职李力，具有二十余年的班组建设管理实践经验。

## 案例内容

### 多场座谈会，我们要主动作为

2017 年年初，国网江苏电力党委进一步明确班组建设工作的重要意义。刘主席召开了工作部署会，强调了在能源互联网背景下班组建设必须要与时俱进，他表示，“时代的发展对班组建设提出了新的要求，我们要主动作为、真抓实干，积极探索实践现代班组建设的创新模式，为企业发展构筑坚实基础！”

为此，王峰实地走访多家地市公司，与相关部门负责人、专职及班组长代表交流讨论。每次座谈会，他都会仔细记录下现实班组建设的痛点难点。王峰眉头紧锁、沉思不止，深深感受到探索实践现代班组建设新模式的使命感、责任感和紧迫性。

“作为国家电网公司系统规模最大的省级电网公司，国网江苏电力近 7 万名班组职工是推动企业率先发展的中坚力量，是加快构建能源互联网企业的关键所在。必须立足企业发展远景规划，主动探索现代班组建设模式，开创班组建设新局面。”在苏州的座谈会上，王峰斩钉截铁地说。

“关键是没人知道怎么干”，座谈会上张山坦诚又无奈。事实上，能源互联网背景下的班组发展已经超出了传统电力班组的概念，属于“摸着石头过河”，如何既具有前瞻性又具有实操度，考验着每一位班组建设管理者的智慧和毅力。

“既然没人知道怎么干，那就发扬党的宝贵传统，解放思想，实事求是，团结一致向前看！”经省市公司双向联动交流，大家形成共识，并开始逐步确立战略导向的现代班组建设目标，即以促进企业安全、持续、健康发展为目标，通过打造价值创造、资源优化、智慧作业、创新创效、职工成长的“五大平台”实现班组层面的“三大转变”：

一是由末端业务执行单元向前端价值创造单元转变。

二是由劳动密集型组织向科技驱动型、知识驱动型组织转变。

三是由专业精细化分工向一专多能、高效协同化转变。

现代班组建设目标如图 1 所示。

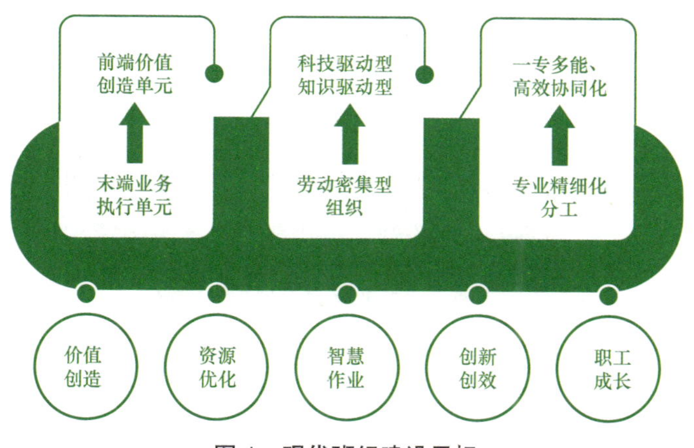


图 1　现代班组建设目标

同时，经充分讨论，“人本、开放、智慧、创造”的现代班组核心发展理念也同步产生。其中，人本理念主要是充分激发职工的自主性，为职工搭建职业发展与自我实现的平台；开放理念主要是树立开放意识，使班组在国际视野下永葆生机和活力；智慧理念主要是加强智力创造，充分利用智能化设备与数据化平台，提高运营效率效益；创造理念主要是探索新方法、新设备、新技术，在商业模式、产品研发、服务升级上创新创效。

就这样，“一刚一柔，刚柔并济；一外一内，内外共生”，通过外在刚性的目标指引和内在柔性的理念支撑，现代班组建设的发展航标已然清晰。

## 一个总基调，这个项目必须实

“口号喊得响，举措更要实而又实”，为保障现代班组建设目标落地落实，刘主席积极推动，王峰部长四处奔走，地市公司工会也积极响应，最终在国网江苏电力党委的坚强领导和支持下，“组织有序、权责分明”的现代班组建设管理体系正式建立。其中，在国网江苏电力设立现代班组建设领导小组，负责班组建设全局统揽和战略规划，指导现代班组建设总体部署与系统设计；在各地市公司、直属单位建立实施工作组，负责具体政策、操作模式的执行落地；同时，明确各级班组是实施主体，设立试点班组作为实施重点，以建设成果检验工作成效。

在项目推进过程中，为使现代班组建设进一步清晰化，现代班组建设领导小组进一步明确了现代班组建设的五大重点工作，即组织管理变革、作业模式创新、“双创”模式落地、团队活力激发和关键基础保障（见图 2），力图通过

图 2　现代班组建设的五大重点工作

"五指握拳"全面激发班组建设的活力动力，推动现代班组建设的"全面开花"。

## 三个着力点，组织架构再优化

在确定了现代班组的建设方向和目标后，在班组实践层面如何把工作做出实效？在试点单位苏州供电公司，有着多年班组建设经验的李力建议，首先要从组织架构上通过优化整合提升班组的管理水平。张山主任听到这个建议后，心里一惊，感到压力山大，犹豫不决。

"传统的班组作业模式强调专业细分、做精做优，具有明显的专业壁垒，在能源互联网企业发展过程中，随着科学技术、业务领域的不断升级拓展以及知识技术的创新迭代，班组应突破专业、组织等刚性束缚，以开放性和协作性促进企业发展。"苏州供电公司岳主席提出，现代班组建设工作就是要"解放思想"和"较真碰硬"。于是，在国网江苏电力的指导和支持下，苏州供电公司通过明确三个"着力点"（见图 3），打造柔性集成的班组组织架构。

图 3　三个"着力点"推动组织架构再优化

### 1. 着力打造专业融合、业务全能型班组模式

加强业务融合，构建与"互联网 +"技术相适应的班组组织架构、管理

模式，深化班组“营配调融合”工作，建立网格化管理，打造全能型班组。以“全能型供电所”建设为例，开展“大班组制”建设，构建“运维区域化、检修协同化、营配网格化、抢修快捷化”的班组管理新体系，形成了业务协同运行、人员一专多能、服务一次到位的复合型班组，服务质量和工作效率明显提高。

### 2. 着力构建前端集约、后台辅助型班组形态

建立适应移动互联网时代的班组建设模式，建立大检修、大营销体系，通过把市场营销、供电抢修等生产一线班组，打造为以客户为中心的规模小、管理灵活的前端班组。对内，将业扩报装、计量装置、电费一级账户等集约至客户服务中心；对外，客户报修“一张工单、一支队伍、一次现场”解决问题。

### 3. 着力建立网状互联、价值驱动型班组生态

形成以客户价值为中心的网络型组织关系，弱化固有的专业化边界，强调班组之间“按任务聚散”，通过项目招募、双向互选、动态纳新等柔性构建方式，自主开展工作，主动横向沟通，使班组由“串联”关系转变为更为灵活的“并联”关系，构建新的商业竞争模式。

通过组织架构的优化整合，班组的组织活力得到了有效激发。而班组建设的重点也随之自然而然地转到班组员工的作业能力提升上。

## 三个智能化，作业能力再提升

随着经济发展，电网管理和服务要求逐年增长，而班组的承载度却趋近饱和，能源互联网背景下的班组建设不可避免会遇到“人少事多”的拦路虎，单靠提升业务熟练度的传统方法显然行不通。

在项目推进中期，经过调研走访、多次论证，国网江苏电力班组建设领导

小组决定“向科技要效率、向智慧要效能”，提出三个“智能化”（见图 4）：

图 4　三个“智能化”推动作业能力再提升

## 1. 管理层面推行管控智能化

着力推进“电网建设、运检指挥、供电服务”三大平台建设（见图 5）。电网建设平台实现基建施工的系统性监控、全要素管理；运检指挥平台强化电网运行、作业监督和整体指挥；供电服务平台整合安全管控、生产运行、运维管理、客户服务等功能，促进电网、作业、服务的集约监测、指挥和管理。

图 5　管理层面通过三大平台建设推行管控智能化

### 2. 操作层面推行作业智能化

全面构建涵盖建设、生产、营销三大专业的移动作业 APP 应用。在任务安排上，压缩业务流程，减少无效传递，以电子工单形式远程派送任务。在工作规范上，将“五位一体”植入电子工单，标准、制度、流程等与工作任务自动匹配。在作业实施上，自动优化路径，智能规范作业，电网状态即信息，作业行为即数据。

### 3. 客户层面推行服务智能化

坚持以客户为中心，推进“互联网 + 营销服务”，使客户足不出户，服务触手可及。业扩报装，客户线上即可了解政策、网上申请、查询进度，实现流程贯通、业务透明。计量管理，通过智能化预测、订单式流程、可视化监控，促进计量直配到点、精益管理。

通过智能化的作业模式，极大提升了班组工作效率，也进一步缓解了“人少事多”的管理矛盾。

## 三个切入点，团队活力再激发

“班组好坏，关键在人。”随着现代班组建设工作进入“深水区”，激发人的奋斗活力、强化班组团队建设显得尤为重要。

“传统的班组更多地被定义为作业执行单元，而能源互联网企业背景下的现代班组应该从被动走向主动，更多地定位于价值创造单元”。为此，现代班组建设领导小组和实施工作组提出三个“切入点”（见图 6）：

### 1. 拓展班组自主管理路径

弘扬班组共同愿景，引导班组职工立足岗位，着眼企业发展愿景和班组未来方向，明确班组工作目标，提炼优化班组共同愿景，通过集中展示，营造上下同心、目标同向的良好氛围，实现企业发展与职工成长互利共赢。完

图 6　三个“切入点”推动团队活力再激发

善班组工作信条，在工作实践中总结、归纳、建立工作信条，以所在企业信条为指引，规范员工行为、促进习惯养成，推动班组工作扎实有效开展。“接受任务不摇头，遇到困难不低头，完不成任务不回头，这是咱线路工人的老传统，我觉得就应该作为咱们班组的信条。”班组信条讨论会上，国网江苏省电力有限公司常州供电分公司（以下简称常州供电公司）线路班老秦师傅的话得到了大家一致认同。“‘三头精神’在新时代发展中都对我们的工作有巨大的促进作用，通过把班组员工认同的理念具象为信条，真正实现记得住、用得上、有效果。”常州供电分公司工会办应主任如是说。

### 2. 激发班组自主管理活力

从考核、分配、成长等方面激发人才干事创业热情，形成有效的约束机制，允许薪酬拉开差距。通过薪酬分配提升活力，按照不同人群实施差异化激励分配。根据融合后的岗位职责，宽带设计复合型班组岗位、岗级，加大与定员挂钩的班组团队绩效工资分配比重，运用“班组积分制”进行差异化分配，并向“一专多能”员工倾斜，深刻挖掘职工的潜力和价值。“流程节点减少 22.7%，日常管理工作量减少 50%，岗位数量减少至 7 个。”在减负增效班组现场推进会上，国网江苏省电力有限公司灌云县供电分公司输变电运检中心负责人李明（化名）展示了“变电运检一体化智慧班组”试运行半年的成效，该公司通过专业融合、系统集成、智慧管理，实现了班组自主管理、流程精简、业务高效流转。

### 3. 加强班组家园文化根植

注重营造班组团队和谐氛围，将班组职工精神贯彻于无形之中。将家园文化、协作文化、共创文化、工匠精神与公司制度体系融合，在职工激励约束机制、创新创业机制中加大对有创新精神、有业绩的职工的激励。完善职业发展通道建设，为班组职工提供清晰、可预期的发展通道，加强对关键岗位核心人才的识别、选拔、培养、考核等制度建设，提高职工对企业的忠诚度与职业满意度。苏州供电公司配网运营管控班（中心）将企业文化、苏州干将莫邪匠心铸剑精神和班组建设进化理念融合，形成包含“选料”“精炼”“铸造”“出峰”四个环节的“铸剑”特色班组文化（见图 7），并实施 KOV（KPI+OKR+Value）综合绩效管理法，不断增强班组创新发展和班员多维成长的内在活力。“宝剑锋从磨砺出，前阵子我被授予了铸剑徽章，就像是大侠一样，既激动又感动。一步步走来，从‘要我干’到‘我要干’，精冶细铸、持之以恒，铸剑文化激励着我一路前行！”该班青年员工小钱对班组文化深表认同。

图 7　苏州供电公司配网运营管控班（中心）凝练“铸剑”特色班组文化

## 案例成果

通过现代班组建设工作，取得的成果如下：

### （一）企业协同管理能力不断优化

一是业务协同能力有效提升。以能源互联网班组建设为基础，实现对内坚持业务协同、对外推行服务一体，抢修工单一次解决率提高 10%，抢修恢复时间平均缩减 12min。二是班组智能化水平大幅升级。班组走上智能化发展道路，系统建立了“大数据 + 互联网 + 移动终端”的数字化智能管控体系，构建了“小前端 + 大后台”的作业模式，建成两级大数据平台。三是人才评价激励机制趋于科学。为职工提供公平公开的竞争舞台，班组争先创优意识和氛围得到全面激发。2017 年业务融合型岗位同比增加 20%，“一专多能”复合型人才同比增长 8.9%。

### （二）企业经营业绩大幅提升

一是有效保障电网安全运行。各级电网的配置能力、装备水平、整体功能全面提升，电网运行控制和设备运维持续加强，为经济社会发展提供了安全可靠的电力保障。二是企业经营业绩稳步提升。公司运营状态指标全面领先，部分指标达到世界一流水平。2017 年江苏省全社会用电量 5808 亿 kW · h，增长 6.39%，企业负责人业绩考核连续六年获得国家电网公司 A 级第一名。三是高效履行央企社会责任。班组站在了企业管理前端，圆满完成十九大、国家公祭日等重大活动保电任务，发挥了国有企业“六个力量”重要作用。

## （三）企业品牌形象有效彰显

一是输出了“苏电班组”价值理念。为国家电网公司探索“生命体”班组建设提供了参考和样板，受到中国能源化学地质工会和国家电网公司的高度评价。二是塑造了“苏电职工”铁军形象。广大班组职工以主人翁的实际行动诠释了电力人的责任与忠诚，在急难险重和重大保电任务中电力职工展现了特别能吃苦特别能战斗特别能奉献的电力铁军形象。三是打造了“苏电”卓越品牌。在能源互联网现代班组建设框架下，国网江苏电力同业对标连续四年保持国家电网公司“综合标杆”“业绩标杆”“管理标杆”全部 3 项第一，实现在国家电网公司系统持续创新领跑。

## 案例思考题

（1）通过本案例，你认为现代班组建设在组织架构、作业模式、团队管理哪个方面最为重要？为什么？

（2）通过本案例，你认为工会在推动现代班组建设过程中，有哪些理念和方法值得借鉴？如果是你来组织这项工作，有哪些更好的方法？

## 案例启示

现代班组建设工作是贯彻落实国家电网公司战略部署的重要举措，是全心全意依靠职工办企业的重要体现，是推进公司科学发展、创新发展的有效手段。本案例提供了现代班组“351”（三项基本原则、五项重点工作、一项核心目标）建设模式（见图 8），供读者参考和借鉴。

图 8　现代班组“351”（三项基本原则、五项重点工作、一项核心目标）建设模式

## （一）坚持三项基本原则

现代班组建设需要坚持以人为本、价值导向和效益优先的原则，不断提升班组的凝聚力、创造力和生命力。

### 1. 坚持以人为本

注重将发挥职工聪明才智与提高职工综合素质结合起来，把提升职工素质和创新能力作为班组建设工作的重要环节，让创新理念内化于职工能力素养、外化于岗位创新行动，畅通一线职工和技能人才的职业发展通道，促进职工成长成才。

### 2. 坚持价值导向

注重将班组价值贡献与促进企业发展结合起来，把完善激励措施、引导职工在现代班组建设中将展现才能、超越自我、提升自我价值、得到充分尊重作为重要导向。推动职工与企业共享现代班组建设的成果，使尊重一线、尊重劳动、尊重人才得到充分体现。

### 3. 坚持效益优先

注重将建设试点与推广应用结合起来，促进现代班组建设成果推广应用是现代班组建设工作的重点环节。现代班组建设需要来源于生产管理实践，着力于服务公司，需要采取多种措施，强化成果推广应用，使班组真正由卓越执行的细胞群转变为自我驱动的生命体，更好服务企业发展。

## （二）落实五项重点工作

为全面推动现代班组建设，需要从组织管理变革、作业模式创新、“双创”模式落地、团队活力激发和关键基础保障五方面重点推进，加速落地实践和推广应用，全面推动班组转型升级，助力公司高质量发展。

### 1. 组织管理变革

通过扁平化、柔性化、复合化、网络化的组织模式，压缩管理层级，打破专业壁垒，对内实现业务协同，对外推行服务一体，构建前端集约、后台辅助型的管理体系，不断增强班组的柔性集成和价值创造能力。

### 2. 作业模式创新

加强“大云物移智链边”等先进技术在班组的推广运用，通过智能化作业增强班组前端感知、业务协同和数据分析能力，积极构建智慧管控、科学分析、精准服务的平台生态，不断增强班组的精益管理和智慧作业能力。

### 3.“双创”模式落地

持续加强创新平台建设，将技术创新、管理创新、服务创新与班组创新有机融合，完善培训、交流、激励机制，推进创新成果孵化、转化的全链条建设，打造开放融合、协同共享的创新生态圈，不断增强班组的创造活力和创新动力。

#### 4. 团队活力激发

加强党建思想引领和班组文化聚力，因地制宜推动企业文化在班组落地生根锤炼特色家园文化，厚植团队奋斗基因推动公司高质量发展，并与时俱进优化完善激励约束机制，拓展班组自主管理路径，不断增强班组的发展热情和团队活力。

#### 5. 关键基础保障

从组织管理、数据技术、激励约束等方面丰富保障制度措施，强化价值创造导向，探索建立与岗位贡献度精准匹配的薪酬激励机制，进一步提升智能辅助、数据分析等先进系统装备对班组业务的支撑力度，完善制度体系建设，不断夯实班组创新发展的基础保障。

### （三）实现一项核心目标

随着社会经济、科学技术的快速发展和产业结构的优化升级，基于能源互联网背景下的现代班组建设应能够始终保持与时俱进、优化升级、创新发展。因此，现代班组建设的核心目标是推动班组由“卓越执行”到“自我驱动”，永葆生机活力，服务企业高质量发展。

通过现代班组“351”建设模式，不断完善体系机制、丰富实践举措，加强优秀经验的总结提炼和推广应用，能够有效提升能源互联网背景下班组的组织管理潜力、业务发展能力、团队凝聚活力和创新创造动力，与时俱进地推动班组价值创造、优化升级，以自我驱动的生机活力成为公司高质量发展的引擎。

# 战略引领　系统谋划　助力组织人才发展
## ——江苏电力核心人才培养体系建设创新实践案例

**所属类别：**

党建引领

**案例摘要：**

本案例描述了国网江苏省电力有限公司管理培训中心（以下简称管培中心）在公司建设“具有中国特色国际领先的能源互联网企业”的发展征程之中系统思考和创新实践并重，以一线骨干重“修术”、科级干部重“明法”、处级干部重“悟道”的递进式培训实践，搭建了国网江苏电力核心人才队伍培养体系，为公司系统人才培养注入新动力的过程和实践。案例中体现的干部人才队伍建设思路和实践具备系统性和创新性，对企业干部队伍建设有丰富的参考意义和实用价值。

**案例关键词：**

核心人才　干部梯队　培训体系　悟道明法修术

## 案例背景

### （一）事件背景

国网江苏省电力有限公司（以下简称国网江苏电力）作为国家电网系统

排头兵，紧密承接国家电网公司战略。各级领导干部是公司核心人才队伍，是推动公司战略落实的最重要力量。如何系统培养出“守初心、担使命”的领导干部？如何更好地发挥核心人才引领作用？国网江苏电力党校、管培中心作为党员领导干部和青年干部培养的主阵地，认真落实《2018—2022 年全国干部教育培训规划》《2018—2022 年国家电网有限公司领导人员教育培训规划》，系统研究核心人才培训机制，探索思考如何从培训角度支撑公司战略发展，如何帮助公司各级领导干部完成与组织及业务相匹配的思维转型、能力转型和作风转型。

### （二）人物信息

管培中心：管理培训工作的分管部门，是国网江苏电力高级管理人才、专业管理人才培养培训教育的主阵地。

部门主任王瑾瑜，于 2018 年从事干部培养培训工作，重视核心人才队伍体系建设，属于授权型领导，具有较强的项目策划和管理能力，思维敏捷，执行力强。

## 案例内容

### 战略解读分三层，顶层设计先谋划

要贯彻落实集团战略目标，离不开政治素质硬、专业能力强、综合素质高的各级核心人才。而江苏区域能源互联网是全国能源互联网重要组成部分，国网江苏电力作为国家电网公司系统排头兵，正面临新旧动能转换加快，能源电力行业深刻变革，量子通信、人工智能、5G 等信息通信技术快速发展的新形势。面对新时代新背景，国网江苏电力亟需提升人才队伍的政治素养、视野格局以及专业能力。

2018 年，根据国网江苏电力组织部工作的部署，本着加强战略宣贯传导的基本原则，管培中心确定了基于分级分类核心人才培养体系进一步谋划完善人才队伍建设的策略。

王瑾瑜主任认为，一线骨干、科级后备、科级干部、青年干部、处级干部等核心人才处在不同的阶段和位置，所需要的也是不同层次的，更具针对性地培训和培养。

“我们管培中心要极尽所能，搭建出一个立体式、有层次的培训体系，做好不同级别的人才队伍建设。”管培中心团队在王瑾瑜主任的引领下，快速开始部署核心人才队伍建设工作。

在项目策划阶段，团队成员集思广益，纷纷自发深入学习组织战略与其他纲领性文件，结合个人实践经验，通过多次头脑风暴和行动式会议，同时充分调动组织内外部培训教育资源，最终初步制定了一套体系搭建方案。

经过团队集体的深刻思考，管培中心决心**从体系设计、课程设计、应用设计**三个方面进行公司人才培养体系建设。

**在体系设计方面**，采取全景式体系构建，同步覆盖公司基层、中层、高层 3 个层级和一线骨干、科级后备、科级干部、青年干部、处级干部 5 类对象。

**在课程设计方面**，注重提升培训针对性，分层明确培训需求，为各级培训匹配相应资源。

**在应用设计方面**，匹配了定制化的分级分类胜任力模型、评鉴中心化的测评；嵌入了年度重点工作和重大课题的行动学习；融合了岗位典型挑战的场景化演练；着眼于宏观前瞻的沙盘化模拟。在培训培养环节中实现培养、考评、使用一体化。

## 体系搭建初践行，内容完善在路上

搭建完善而全面的立体式培训体系，全景化覆盖公司各级别领导干部、各类专业人才，并非一时之事、一日之功。

体系搭建的框架有了，还需要丰富精准的内容填充。如何给各级各类人才分配最精准的培训资源，匹配最合适的培养方案呢？

王主任与团队进行充分讨论，以头脑风暴等方式达成以下共识：

（1）不同级别核心人才的培训需要体现出差异化和针对性。比如一线的骨干人才，对专业技能提升上的需求就明显高于管理能力提升的需求，设计培训内容，分配培训资源时，要体现出相应的侧重。

（2）在体系初践行的阶段，要针对不同核心人才进行访谈调研，目标是精准获取各级人才真实的培训需求，以期在践行体系的过程中为各级人才匹配精准的课程设计。

（3）过往管培中心针对不同类别的人才制定了相应的培训方案，培训班做了不少，但是所匹配的部分课程和学习资源还是有重复现象，匹配不精准。在新体系之下，管培中心办班要做到“瘦身健体”，在培训班数量上“瘦身”，在培训质量上“健体”！只做真正符合各级人才实际需求的培训项目。

在充分听取团队的经验碰撞和想法建议后，王瑾瑜提出了新体系之下的执行目标。

在明确目标后，管培中心在开展实施培训项目时通过充分总结和复盘，明确了各级各类人才的实际工作重心存在着一种递进关系，在团队内部多次交流之后，王瑾瑜牵头明确了要在全景式培训体系之下，构建递进式课程体系。经过探索实践和内容完善，管培中心在 2019 年逐渐确立了以“管专业、带队伍、谋发展”为核心的递进式课程体系（见图 1）。

一是以“善修术”为导向，开发一线骨干基础课程，内容侧重于提升一线骨干的专业技能，以专家人才授课为主。

二是以“能明法”为导向，开发科级后备进阶课程，内容侧重建立管理思维、提升系统思考力，开设管理制度与流程、电力体制改革等课程，教学以模块化授课为主。

三是以“善明法”为导向，开发科级干部发展课程，内容核心在于提升带队伍能力，开设公司运行机制培训课，以体验式案例教学为主。

四是以“能悟道”为导向，开发优秀青年干部提升课程，内容涉及政治理论、专业管理、综合素养三大类，安排大量经典理论原著、党性教育课程，紧密对接公司形势任务安排相关专业课程，开设行业前沿问题讲座，培训时长为 2 个月，以场景化教学为重要形式。

五是以“善悟道”为导向，开发处级干部研讨课程，内容集中在体制改革，政治素养课强化时政解读，着重研讨跨行业经营管理案例。

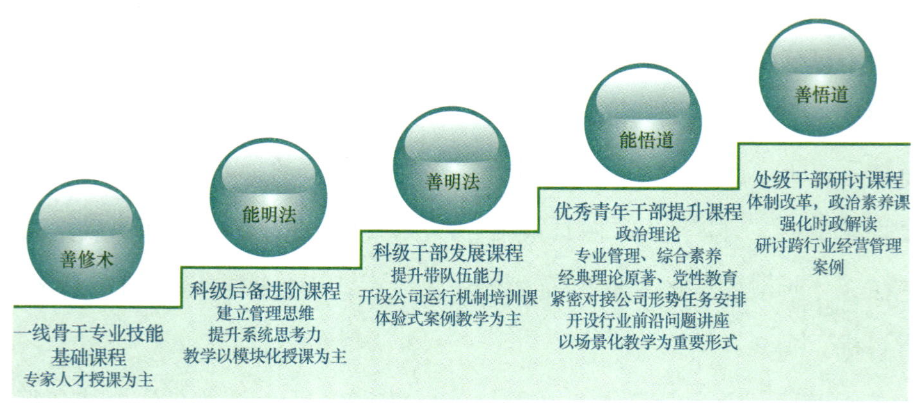


图 1　五层递进式课程设计体系

在 2019 年，管培中心逐渐将递进式设计的思路落实到了每一期培训班、每一个培训课程之中。但内容完善之路没有止境，只有切实跟紧组织发展战略需求，切实贴近各级人才真实工作情境，才能打磨出源源不断的好内容。

## 内外兼修多举措，培养质效是核心

步入2020年，能源电力行业深刻变革，量子通信、人工智能、5G等信息通信技术快速发展，在时代新背景下，国网江苏电力作为国家电网系统排头兵，高速发展日新月异，在安全生产、电网建设、能源变革、综合管理等方面都有了新的飞跃，可以说已经很难单纯从外部找到成品学习资源为内部所用。王瑾瑜意识到，必须内外兼修，多措并举，在充实外部学习资源库的同时加强内部经验萃取和开发，同时采取一系列应用和保障措施确保培训质效。

自2019年到2020年中，管培中心在探索中实践，在实践中迭代，基于已经搭建的全景式培训体系和递进式课程体系，不断扩充内容外延，加强组织内部经验应用，搭建培训质效保障机制，具体工作包含：

### 1. 对接工作场景，融入案例教学

各级人才参加培训班时，都须带来所在部门或单位在安全生产、党建、文化建设和管理等方面的最佳实践案例，在培训项目中进行交流和分享。通过学员之间相互分享典型经验和成功做法，打开工作思路、提供借鉴。同时进行公司典型管理案例研究开发，组织专家引导学员按照案例开发标准，修改完善带来的案例，形成案例集，为后续公司进行课程开发、人员培训选拔等提供支撑。

2020年6月，管培中心为了更好地开展核心人才的培养工作，丰富核心人才培训内容，以新任科级干部培训班为试点，为新任科级干部培养开发定制化的管理类案例课程。课程中所涉及的案例全部来自省公司和各地市单位的优秀科级干部。课程以新任科级干部实际管理工作场景为载体，使用案例教学形式，聚焦新任科级干部管理的痛点难点，从而能够切实帮助年轻新任科级干部实现角色转变，帮助提升其解决实际工作中的分析问题和解决问题

的能力，并掌握相关的操作方法。

同时也将逐步有序地在其他人才培训项目中开展案例教学活动，转变传统培训以老师为中心的培训模式，继而实现以学员为中心，以讲师为主导，以实际管理场景为载体，以提升管理能力为目标开展教学，切实提升培训的针对性和实效性，助力公司人才培养和干部队伍建设。

### 2. 开展课题研究，参谋公司决策

开展学习贯彻习近平新时代中国特色社会主义思想专题研讨、精读一本书、模块交流等研讨活动；梳理公司改革发展实践和干部成长过程中面临的突出问题，开展交流研讨，进行相关课题研究，查摆问题，提出解决方案；将公司改革发展重大课题安排中高层学员开展集体研究，并邀请公司领导参与研究讨论，形成的研究成果直接报送公司领导班子供决策参考。

### 3. 丰富教学形式，感悟党性初心

党史沙盘模拟以时间为轴，以事件为点，以思想升华为炬，用大事件中的小情景还原昔日战场，用哲学的视角深挖党史精髓，还原党史情景，打破传统的党课学习模式，让学员能够身临其境学党史、悟初心，“学起来有意思，用起来更高效”。

管理沙盘模拟，使人才能够身临其境地了解真实管理环境，掌握团队决策方法，和团队成员共同构建方案，提升团队在未知领域里的洞察力和沟通协调能力，通过观察，理解团队成员在沟通和决策中的需要和行为，并掌握冲突管理的方法，全面提升管理技能。

### 4. 标准项目管理，完善考评制度

各类核心人才培训由公司组织部统一组织，管培中心具体落实，采用统一的测评工具、教学设备和网络平台，标准化管理培训教学活动，确保培训活动高效开展。

管培中心邀请学员所在单位领导及干部人事部门负责人参与培训考评，

为学员直接提供向组织展示才华、争取进步的机会；将培训期表现纳入干部考察内容，对优秀学员长期跟踪，储备公司人才库。

## 案例成果

管培中心在公司战略引领、公司组织部统一部署下，全员覆盖、有序谋划、精准培训，显著提升了核心人才队伍培训工作的统筹性、针对性和实效性，努力促使各级干部干事创业能力发挥最大化。

### 1. 党的基本理论教育更加深入

以习近平新时代中国特色社会主义思想为核心的党的基本理论教育更加深入，各级领导干部政治理论素养不断提高，"四个意识"不断增强，"四个自信"进一步坚定，"四个服从"成为普遍自觉，思想行动高度统一。

### 2. 党性教育更加扎实

各级干部理想信念、党性观念、宗旨意识进一步强化，思想觉悟、政德修养、品行作风进一步提高，信仰之基、从政之基、廉政之基进一步牢固。

### 3. 时代思维培训更加精准

各级干部适应新时代、实现新目标、落实新战略的能力明显提高，市场思维、内外联动共建共享思维、国际化思维全面增强。

### 4. 战略贯通落实的综合能力有效提升

综合能源服务能力培训更加深化，核心人才队伍主动适应能源供给侧改革和电力体制改革的新要求，以能源互联网、智慧能源和多能互补为发展方向，加快推动综合能源服务工作全面提升的能力更为坚实。

### 5. 领导干部教育培训体系更加完善

各级干部教育培训的系统性、持续性、针对性和有效性不断增强，服务公司发展的作用不断提升，具有先进培训理念、科学内容体系、健全组织架构、高效运行机制的新时代国网江苏电力特色干部队伍教育培训体系不断完善。

## 案例思考题

（1）如果你是管培中心部门主任，还有哪些创新实践可以应用在公司人才队伍体系建设中？

（2）管培中心核心人才培养体系的建设思路和过程，带给你哪些方面的启示？

## 案例启示

公司战略目标的实现、事业成败的关键，是培养一支忠诚干净，有担当有格局的高素质核心人才队伍。党校、管培中心扎实推进以人为本、梯级培养、高效有序的核心人才队伍培训，即将处级干部、优秀青年干部、科级干部、优秀年轻骨干作为培训主体，以“悟道、明法、修术”为培养重点的培训体系建设。本案例中所体现的人才体系建设创新实践可以总结为“核心引路四关键”（见图 2），供读者借鉴和参考。

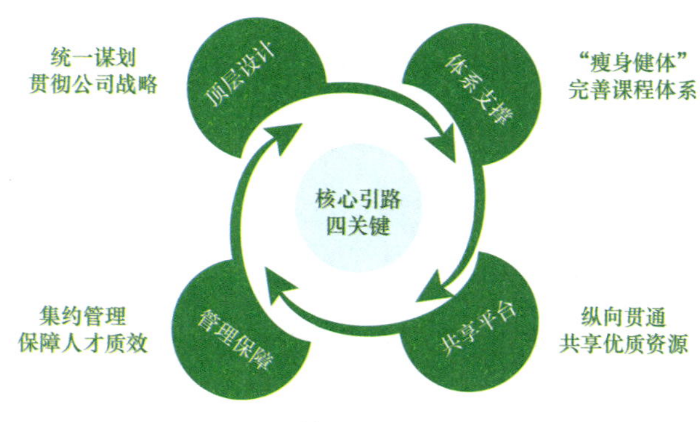


图 2　核心引路四关键

## 关键一：顶层设计——统一谋划，贯彻公司战略

管培中心非常注重提升培训统筹性。为贯彻落实公司战略发展目标，以《2018—2022 年全国干部教育培训规划》《2018—2022 年国家电网有限公司领导人员教育培训规划》等文件精神为指导，将各类核心人才培训统一谋划、统一部署、统一管理，充分发挥整体效益，将公司对干部的能力要求分解到各类培训项目中，确保各类培训持续服务公司战略对各级各类人才的胜任要求。

## 关键二：体系支撑——“瘦身健体”，完善课程体系

明确功能定位，在培训班数量上“瘦身”、质量上“健体”，整合同类培训，提升质量效益。对各级各类培训采取差异化培养，高层重“开放研讨”，中层重“案例体验”，基层重“知识技能”。

## 关键三：共享平台——纵向贯通，共享优质资源

开放共享经典管理原理、人际沟通等经典管理课，充分发挥统一管理的体系优势。各级培训班中所收集到的经验总结和岗位案例都可以作为智力资源库，逐渐开放给各级人才交流、学习，不断通过智慧共享和流动，提升人才队伍质量。

## 关键四：管理保障——集约管理，保障人才质效

在公司组织部统一组织部署安排下，管培中心通过项目化管理具体落实

各类核心人才培训项目，做到“有方案，有落实，有管控，有评估”；通过统一的科学测评工具为核心人才提供自身能力潜力的反馈，使其更加认识自己，找到提升点和突破点；通过统一的教学设备、网络平台以及标准化的管理培训教学活动，确保培训项目高效开展实施；通过协调并邀请学员所在单位领导及干部人事部门负责人参与培训考评，为学员直接提供向组织展示才华、争取进步的机会和平台，将培训期表现纳入干部考察内容，对优秀学员长期跟踪，进一步为公司人才库的储备提供助力。从谋划到实施、从硬件到软件，从测评到培训，从评估到跟进，管培中心力求从每个环节、每个过程为组织人才培养提供运营及管控保障。

# 扬起培养体系帆　驶入职业生涯海
## ——苏州供电公司全职业生涯的反馈式员工培养体系建设

**所属类别：**

党建引领

---

**案例摘要：**

本案例描述了国网江苏省电力有限公司苏州供电分公司（以下简称苏州供电公司）为解决结构性和动力性缺员的矛盾，结合企业人才发展战略，深度挖掘内部人力资源，充分发挥人才效能，以职业生涯规划理论和反馈效价理论为基础，对员工实施全职业生涯的反馈式培养管理体系建设。案例中的反馈式员工培养管理体系建设具有系统性、通用性、可行性的亮点，为企业建立人才开发机制提供了重要的借鉴和参考价值。

---

**案例关键词：**

人才培养　建章立制　优化流程　大数据

## 案例背景

### （一）事件背景

苏州供电公司是规模较大的供电企业，自 2015 年以来，苏州供电公司深入推进能源变革典范城市建设，公司在体制机制、组织体系和业务流程等方面都发生了深刻变化，同时承接了上级多项改革创新试点任务，但人力资源配置率仅 70% 左右，人力资源整体捉襟见肘，亟待深挖内部人才潜力，加快人才培养。如何建立新的人才培养管理体系，让不同层次的员工有效地成长为企业所需要的人才，成为迫切需要解决的问题。苏州供电公司积极探索具有公司特色的人才强企之路，坚持党管人才原则建设高素质化人才队伍，构建基于全职业生涯的反馈式员工培养管理体系建设，激发员工职业成长内生动力，打造一支业务精湛、素质优良、结构合理的员工梯队，为公司发展和基业长青提供源源不断的人才支撑。

### （二）人物信息

江达：人资部主任，多年工作经验，项目负责人，思维灵活，属于授权型领导类型。

李志远：人资部人才开发与培训管理专职，项目实施人，具有较强的执行力、逻辑思考能力和项目开发能力。

## 案例内容

### 一次新员工座谈引发的思考

2016 年，在苏州供电公司组织的第三季度新员工代表座谈会上，江达询问在座的年轻人，“你对工作有什么样的预期？”这群年轻人给了很多答案——有人说：“我要在三年内评上高级职称。”有人说：“我要评上先进个人。”有人说：“我想成为像张明总那样的国家级人才。”有人说：“我想发明专利。”也有人说不出个所以然。会后，江达对李志远说：“新员工朝气蓬勃，是企业的宝贝。这些年轻人想法很多，大多也很积极。如果有一个系统的、整体的培养规划，让年轻人更看清职业发展的方向，对他们成长成才和企业发展一定大有帮助，这也是我们人力资源工作的价值所在。”李志远说：“的确，如果对职业生涯有清楚的规划，无论在职业生涯的哪个阶段，都能对职业充满希望和信心。”

座谈会后两周，全职业生涯的反馈式员工培养体系建设被提上了日程，江达说：“一定要构建一种树立政治导向为先，政治培养和专业培养相结合的模式，让我们的员工在公司的职业生涯成长中根红苗正，为电力事业的发展做出贡献。”他又强调：“员工的培养应该是贯穿于整个职业生涯的，要在员工的全职业生涯中都体现出组织的关心和培养，并且这种培养是要有计划、有执行、有反馈、有成效的。”这项工作具体推进任务交到了李志远手上。

## 在三个创新点上下功夫

经过近半年的研究，李志远明确了推进反馈式员工培养体系建设要注重在三个创新点上下功夫。一是构建基于全职业生涯的反馈式员工培养管理体系。依据职业生涯规划理论和反馈效价理论，打造员工成长“7+2+$N$”模式，即：七年基础培养期、两年强化培养期和 $N$ 年差异培养期，在不同阶段针对员工角色、素质水平的差异，动态调整反馈的方式与内容，达到促进员工成长的目的。二是打造全职业生涯的反馈式员工培养管理体系的标准化流程。将过程分为信息录入、多维测评、报告反馈、改进建议、自我完善等五个节点，建立了员工培养体系大数据可视化分析平台。三是制定员工诊断分析报告和个性化的培养方案。依据培养反馈结果，通过岗位实践、教练指导、课堂学习等多种方式，实现员工综合能力的螺旋式提升。为了让思路更清晰、汇报更高效，李志远还绘制了示意图，将全职业生涯的反馈式员工培养体系建设各个阶段的工作要点一一都标示出来，形成一目了然的流程图（见图 1）。

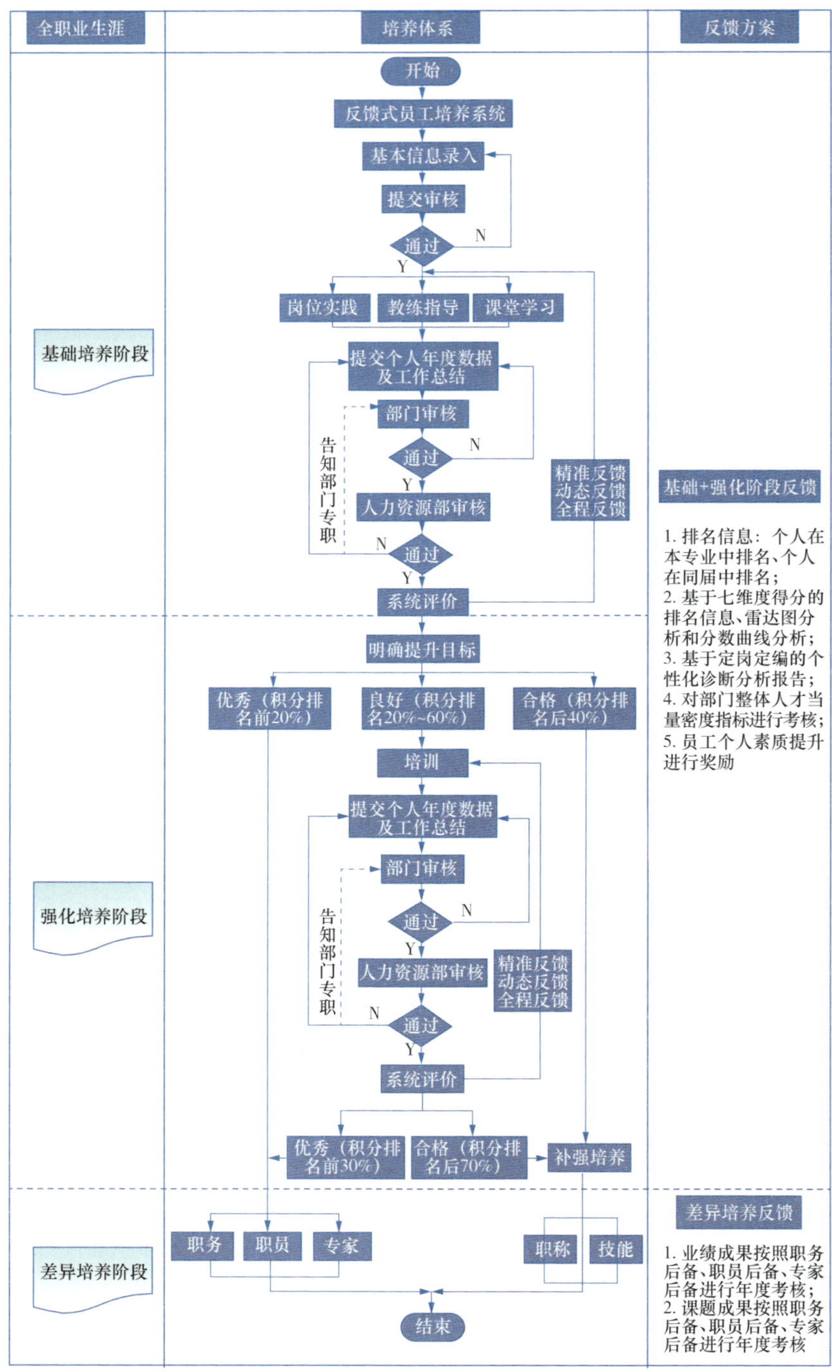


图 1　全职业生涯的反馈式员工培养管理体系的标准化流程

## 借鉴先进理论，构建可视化反馈式培养体系

根据研究分析结果，李志远在构建员工培养体系时，融入了职业生涯规划理论和反馈效价理论。根据美国心理学家施恩的职业生涯规划理论，员工的职业生涯分为外职业生涯与内职业生涯，苏州供电公司的员工培养体系贯穿员工职业成长不同阶段，通过录入系统，构建可视化反馈图表，纵向开拓差异化培养路径，自己与自己比，比较现在与前几年的培养成果；横向上与同届员工比，比较在业绩、技能、技术方面的成绩差异，满足岗位、专业、角色等不同类别员工的培养需求。依托苏州供电公司员工培养体系，利用大数据跟踪员工全职业发展历程，以年度为周期，对员工在各个发展阶段的每个节点从成果获奖、授权专利、论文专著、标准制定、建章立制、个人荣誉、技艺革新等七个维度进行打分。结合打分结果开展个性化诊断分析，明确员工素质提升的目标与方向。同时通过提供个性化改进建议方案，有效指导员工弥补短板，不断调适员工目标与企业目标的匹配度，实现员工与企业共同成长。员工评价体系如图 2 所示。

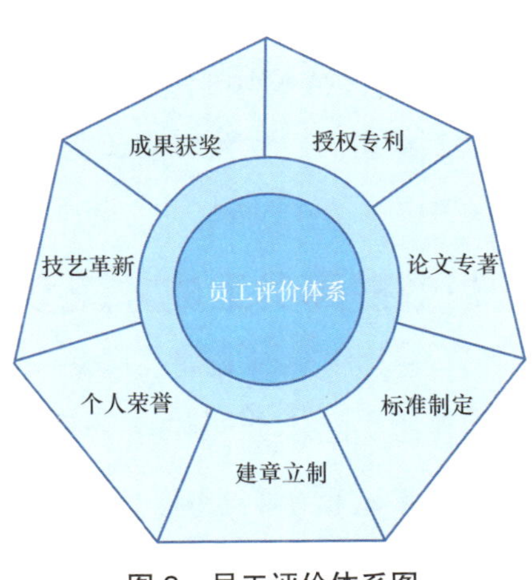


图 2　员工评价体系图

## 优化管理机制，全面提升人才管理水平

江达建议在推进员工职业规划时借助全周期管理的模式，他说："我们能不能在员工的整个职业周期中固定一段时间进行基础成长，打牢员工成长的根基以后，再进行专业上的培养，供电企业在整个业务过程中从基建、生产、营销到综合管理，每一个领域都有很强的专业性，用 2 年左右的时间对员工进行强化培养，这样在今后的职业生涯中就能更好地帮助员工在各领域都能更快地适应和成长。"

经过优化培养的各流程，苏州供电公司打造了"7+2+*N*"培养方案，明确员工成长路径。苏州供电公司为充分挖掘内部人力资源，打通员工职业成长路径，将员工全职业生涯反馈作为人才培养体系建设的主线，并在上级公司关于人才培养意见的基础上进行延展和创新，构建了"七年基础培养 + 两年强化培养 +*N* 年差异培养"人才培养方案。员工培养体系将员工的职业生涯定义为基础培养期、强化培养期、差异化培养期三个阶段，员工在每个阶段的发展均呈现螺旋式上升轨迹，采取定位反馈与过程反馈相协调，线上监督与线下辅导相配合，营造了人才成长过程中的"可感知"体验。通过反馈式员工培养管理体系，帮助员工明确了能力提升的目标，增强了获取知识的意愿，帮助员工业务能力、职业素养、综合素质持续提升，实现了员工与企业的共同成长。

## 推进建章立制，有效提高员工成才速度

根据上级公司规定，结合实际，苏州供电公司制定了《苏州供电公司专家人才队伍建设管理办法（试行）》，明确了专家队伍设置、选拔、待遇及考核等环节的管理要求。在严格落实国网江苏电力《岗位薪点工资薪级

动态调整积分管理规范》和《各级各类人才待遇管理规范》的基础上，将员工的技能等级和考核绩效有效地联系起来，有效激发员工素质提升的内在动力。按照《江苏省电力公司岗位绩效工资管理办法》，以规范量化的方式，基于员工绩效贡献和能力素质评结果建立薪级积分标准，积分用于薪级的动态调整。在基本素质方面，从学历、职称、技能角度根据不同的层次进行加分；在业绩成果方面，按授权专利、实用新型专利、发表论文、中文核心收录、其他期刊等级类别，根据参与程度不同进行加分；在竞赛获奖方面，设置国家级、省部级、地市级、地市公司级四层级别，按照获奖名次不同，进行相应加分奖励。通过制度的建立和完善，员工的积极性得到了调动，在各个成长领域都能够担当作为，勇挑重担，全力打造自己认可的职业生涯。

## 案例成果

通过人资部在人才培养体系方面不断的探索与实践，苏州公司取得了以下成果。

### （一）人才当量逐年上升，有效提升管理水平

随着企业的发展和培训开发的不断深入，公司全口径劳动生产率、人才当量密度等人力资源管理指标在不断地改善和提升，苏州供电公司在国家电网公司、省公司对标评比中连续 5 年名列前茅。人才当量密度从 2011 年的 1.0205 提升到 2017 年上半年的 1.2108，年均增长率为 3.2%。通过系统思考、顶层设计培训开发各项管理流程、审批流程、实施流程、考核流程、反馈流程等管理环节，基本上解决了原有培训管理中职责不清的问题，培养开发的

效率得到提高。同时，通过营造正导向氛围，员工学习积极性和创新意识普遍提高，2017 年度，苏州供电公司员工在论文发表、专利获得等方面的数量较 2016 年增加了 27.4%，员工的自主培养的意识明显提高，实现了培训管理的全面提升，新增国家电网公司专业领军人才 2 名、江苏省有突出贡献中青年专家 1 名、国家电网公司专家 6 名、省公司专家 14 名、市公司专家 24 名。同时，员工职业资格取证率得到显著提高。

## （二）充分发挥员工价值，获得良好经济效益

培训管理效率的提升、流程的规范化，会减少培训过程中不必要的人、财、物损耗，降低公司培训成本；而且随着培训体系的不断建设和实施，一大批科技进步、管理新颖、群众性广泛和优秀的 QC 项目不断涌现和落地实现，优秀成果迅速转化为供电质量的稳定提升和供电损耗的持续降低，在基于全职业生涯的反馈式员工培养管理体系实施后，企业的经济效益获得明显提升。企业 2017 年全员劳动生产率较上一年提高 3.7%，达到 882.51 万元 / 人·年，利润总额也较上一年提高 10.43%，达到 774.55 亿元。

## 案例思考题

（1）通过本案例，你认为应如何设计党管人才的培养发展途径？

（2）通过本案例，党建部和人资部的做法带给你哪些启发？

## 案例启示

职场是员工生命中重要的组成部分。案例中提出了“7+2+*N*”培养方案，

并建立完善制度以保障和推进员工职业生涯，为党管人才培养体系提供了“三个一”的宝贵经验。

## 创新一个理念：全职业生涯的反馈式员工培养体系

基于全职业生涯的反馈式员工培养管理体系实施以来，先后有多家兄弟单位的相关领导及专家莅临苏州公司调研员工培训工作，苏州公司人资部展示并讲解了基于员工全职业生涯的可视化培养管理体系，来访调研人员均对该系统给予很高的评价，认为具有系统性、通用性、可行性的特点，是立足于企业实践摸索出的一套科学的培训管理体系，具有一定的宣传和推广的社会价值，为企业建立人才开发机制提供了重要的借鉴和参考价值。同时，高素质人才和优秀成果的增多势必会促使公司管理效率地不断提高、供电质量地稳步提升和供电服务品质地持续优化，这些方面的进步极大地有利于公司优质服务品牌、责任央企形象的塑造和维护，社会效益显著。

## 实施一种模式：员工成长“7+2+*N*”模式

苏州供电公司为充分挖掘内部人力资源，将员工全职业生涯反馈作为人才培养体系建设的主线，打通员工职业成长路径。苏州供电公司结合新进员工普遍具备学历层次高、理论知识丰富，但实践经验不足的特质，在国网江苏电力“一二三四五”培养规划基础上进行延展和创新，提出“一三五七九”培养规划，即：一年入门、三年入行、五年成长、七年成熟、九年长才，构建了“七年基础培养 + 两年强化培养 +*N* 年差异培养”的人才培养方案，即：七年基础培养期、两年强化培养期和 *N* 年差异化培养期，在不同阶段针对员工角色、素质水平的差异，动态调整反馈的方式与内容。

## 固化一套做法：优化管理机制，推进建章立制

为进一步加强对基于员工全职业生涯的可视化培养系统的管理，规范基于员工全职业生涯的可视化培养管理系统的运行维护工作，也为了更好地推进系统运行工作的规范化、标准化，苏州供电公司制定了《基于员工全职业生涯的可视化培养系统管理规定》。《规定》明确了以人力资源部为核心管理部门，苏州供电公司各部门负责培训、考核成绩评定，信息通信分公司负责提供技术支持、网络维护及链接端口管理，员工负责按期在系统内完善与更新自己的基本信息、人才当量信息与业绩成果信息的管理职责。设计考核动静指标，强化全过程反馈，以规范量化的方式，基于员工绩效贡献和能力素质评估结果建立薪级积分标准，积分用于薪级的动态调整（能力素质评估结果具体评定标准由人资部制定）。在基本素质方面，从学历、职称、技能角度根据不同的层次进行加分；在业绩成果方面，按授权专利、实用新型专利、发表论文、中文核心收录、其他期刊等级类型，根据参与程度不同进行加分；在竞赛获奖方面，设置国家级、省部级、地市级、地市公司级四层级别，按照获奖名次不同，进行相应加分奖励。同时根据培养结果反馈定期选拔优秀员工，将其纳入公司职务、职员、专家人才后备库进行重点培养，进一步提高员工积极性、激发队伍活力。

# 03 电网建设篇

PART 3

# 守正创新　主动作为
# 加快建成电力设备物联网示范区
## ——南京电力设备物联网建设实践案例

**所属类别：**

电网建设

---

**案例摘要：**

本案例描述了国网江苏省电力有限公司南京供电分公司（以下简称南京供电公司）应用大云物移智等新技术，建设电力设备物联网示范区的探索实践。案例中，南京供电公司作为国家电网有限公司 2019 年城市能源互联网综合示范单位，率先开展电力设备物联网探索建设，打造全国首个智慧物联体系、全国首个人工智能高压电缆隧道等成果，突破传统电网形态及业务，引领生产模式变革，在设备状态真实感知、典型场景区域自治、推动数据融合共享、打破固有思维理念等方面实现了根本性创新。案例中提出了应用物联网等新技术实现生产模式的变革的实践路径，具有较好的借鉴和推广意义。

---

**案例关键词：**

电力物联网　创新实践　生产变革

# 案例背景

## （一）事件背景

电力设备物联网是以“大云物移智”等信息化手段为传统电网赋能，按照“云－管－边－端－用”体系架构，实现能源生产、传输、消费等各环节设备及客户的状态全面感知、需求快速响应。

南京供电公司作为国家电网有限公司大型供电企业、江苏省会供电公司，以及国家电网有限公司 2019 年城市能源互联网综合示范单位，率先开展电力设备物联网探索建设，提出建设电力设备物联网示范区和智慧能源物联网示范区的奋斗目标，在智慧物联体系、高压电缆隧道智能化建设等方面取得阶段性成果。

## （二）人物信息

运维检修部：电网设备运维检修的主管部门，由生产副总沈培锋分管。

刘强：部门主任，项目负责人，属于敢于担当、主动作为型部门负责人。

朱雷：专职，项目实施人，多年从事设备运维检修工作，并熟悉设备在线监测及故障诊断技术，具有较强的沟通协调能力。

# 案例内容

## 提出建设电力设备物联网示范区

2018 年 5 月，时任国家电网有限公司总信息师的孙正运至南京供电公司调研电力 4G 无线专网的应用情况，南京供电公司总经理陈刚代表南京供电公司向孙总师汇报了公司在无线专网应用、技术创新等方面的成果，同时汇报了电力物联网建设思路，获得了孙正运的高度认可，南京供电公司被列为电力物联网试点建设单位之一。在交流讨论中，刘强提出：“我完全赞同和支持公司建设电力设备物联网示范区，一是南京供电公司在电力 4G 无线专网建设方面已经走在全省乃至全国前列，为电力物联网建设提供了很好的网络基础。二是南京供电公司在技术管理创新等方面长期位于第一的位置，储备了一大批国内乃至国际领先的技术成果。三是南京供电公司电网网架坚强，拥有丰富的运维检修经验，同时已开展了设备在线监测实践，具备开展电力物联网建设的网架条件。”该次交流研讨会后，电力物联网建设的具体建设任务落在了刘强、朱雷以及运维检修部的主要专业专职身上。电力物联网建设研讨会如图 1 所示。

图 1　电力物联网建设研讨会

## 广泛调研理清建设思路

接到任务后，运维检修部组织主要实施人员分别前往上海、苏州、杭州等供电公司，以及南瑞集团、华为、中兴、海康、亿嘉和等厂家广泛开展调研，调研内容包括电力物联网应用现状及进展、兄弟单位电力物联网应用情况、物联网技术在其他行业的应用等内容。在此基础上，运维维修部总结出如下结论：电力市场化改革向纵深推进，人民生产生活对安全、优质、可持续的电力供应需求越发多元，传统公司发展理念、电网管理和技术手段面临天花板，需要打破常规，以新思维、新理念应对内外部形势变化带来的诸多挑战，同时明确了电力设备物联网的建设原则。刘强在调研后的总结中说："通过调研我认为建设电力物联网，需要遵循以下几个原则：一是应用导向，实事求是。二是数据唤醒，物以致用。三是边端分离，信息共享。四是统筹管理，迭代创新。"电力物联网建设调研如图 2~ 图 4 所示。

图 2　会议调研

图 3　现场调研

图 4　南门变电站现场联合勘查

## 集中攻关实现示范建设的突破

在示范建设筹备会上，刘强代表筹备组做了表态发言：“决定我们这次示范建设能否成功的重要因素之一就是人才，为此公司挑选了三名业务过硬的博士人才加入我们的团队，我们运维检修部作为牵头部门，也把陈德风、宫衍平等专家吸收进来，紧密联合外部南瑞、电科院等专业项目团队，共同组建电力物联网建设联合攻关团队，开展相关规划、项目实施、过程管控和成效评估等工作。”团队坚持党管人才，高质量组建，高标准管理，高水平攻关，形成了一支勇于担当、敢于拼搏、善于攻坚的专业团队。

在没有前期经验可参考的情况下，南京供电公司的电力物联网建设要从何开头呢？“现在我们可以借鉴的就是工业物联网，如共享单车、实物 ID 等，这些案例相比较电网来说相对简单，架构也相对更加明晰。”攻关团队成员朱雷提出了建议。刘强接着说：“小朱建议得很好，我认为我们要在前期调研的基础上，根据现场的实际需要，探索出一条切实可行的方案，实现电网各类感知元件的统一接入、数据共享、智能应用，对生产实际工作起到指导作用，实现生产模式的本质变革。”

真正的攻坚在无数次的现场勘察和集中研讨中展开了。课题组人员曾数十次往返于公司和实施现场，和公司各部门（单位）、南瑞集团、电科院、设备厂家上百次开展技术讨论会和实施推进会，试点建设期间他们的休息天数屈指可数，曾连续一个月无休。在项目实施前期，很多人认为物联网就是在线监测换了个说法，这个问题也困扰了课题组很久，在一次讨论中，某位团队成员说："我认为通过把在线监测装置整合一下，在一个系统上集中展示，这样速度快成效明显。"刘强则不同意该观点，他认为，不能只顾眼前，从前期调研结果来看，物联网和在线监测有着本质区别，特别在海量数据介入后，在规约统一、区域自治等方面是在线监测不能比拟的。

在一次推进会中，刘强说道："我近期考虑在推进项目实施的同时，我们应该还要在数据规约、传输方式、高级应用等技术方面开展联合攻关。南京供电公司被选为国家电网有限公司试点之一，就需要我们走在前、当排头，探索出一套可复制可推广的示范成果，而不能只是一个一次性的展示工程。"于是课题团队在积极参与物联感知体系技术攻关的同时，深入探讨数据规约、传输方式、高级应用等细节，成功研制国内首套电力设备物联网边缘代理装置，助力南京供电公司 2019 年 5 月顺利投运国内首座智能全感知变电站（见图 5）。

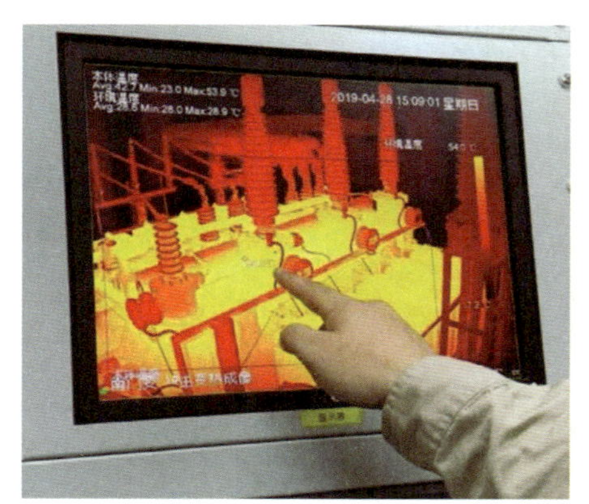

图 5　溧水南门智能全感知变电站

## 案例成果

以南京溧水区南门地区电网实际运行情况进行经济效益测算，每年可节省常规巡视费用、带电检测及试验费用、减少检修停电损失费用共计 300 余万元，预计 10 年可收回投资建设成本。南京供电公司电力设备物联网建设成果获得了国家电网有限公司总部的高度认可，2019 年南京供电公司分别两次代表地市公司在国家电网有限公司电力设备物联网推进会上进行发言，相关建设成果获得新华社、国家电网报、江苏省电视台等主流媒体的报道。

南京供电公司在充分总结电力设备物联网建设经验的基础上，进一步明确了下一步工作开展方向（见图 6）。

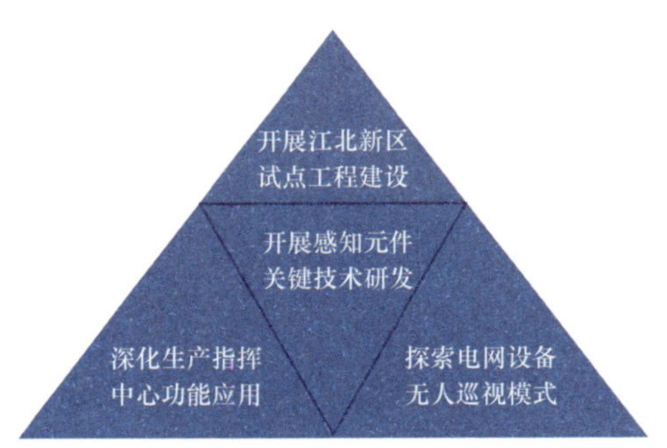


图 6　南京电力设备物联网建设工作方向

### 1. 开展江北新区试点工程建设

按照网省公司总体要求和工作部署，以 220kV 城南河变电站为中心，建设输变电物联网和配电物联网试点工程，拓展多专业、多层级业务应用，实现设备状态全面感知、数据高效处理、业务便捷灵活，并形成示范模式和典型经验。

### 2. 深化生产指挥中心功能应用

整合现有生产业务系统，开展多源数据融合分析，运用大数据、云计算等先进技术深度挖掘海量数据价值，精准辨识设备异常及环境风险，打造设备状态深度感知、决策分析精准主动、运检行为智能高效的生产指挥体系，全面提高运检管理效益与效能。

### 3. 开展感知元件关键技术研发

与南瑞集团、电科院等科研院所组建联合攻关团队，研发标准化、微型化、集成化、低功耗、预置式的感知元件。建立健全感知元件设计、安装、验收、运维等方面标准规范，提升感知元件性能可靠性和应用规范性。

### 4. 探索电网设备无人巡视模式

以无人机、巡检机器人、智能终端为载体，通过建立巡视任务、巡视执行、故障确认、结果反馈等全过程闭环管理流程，智能分析电网设备及通道环境实时状态，逐步推动输电线路、变电站、配电站房等无人巡视模式变革。

## 案例思考题

（1）通过本案例，你认为主人公刘强面对电力物联网建设这个全新的课题可借鉴的地方在哪里？

（2）南京供电公司的成功探索对其他兄弟单位有何借鉴之处？

## 案例启示

通过总结南京供电公司近一年的实践经验，与传统电网相比，电力设备物联网在以下四个方面理念实现了根本性创新，总结为“电力设备物联网建设创新四理念五方法”。

## 理念一：设备状态真实感知

传统设备状态感知存在以下不足：一是感知深度、广度不足，例如主变等核心设备在线监测仍以电量、油温为主，缺少油色谱、局放等关键状态量采集。二是状态信息上报或召测频率固定，导致设备异常及故障时信息颗粒度过大。三是缺少统一的传感通信协议和技术规约，造成不同厂家设备互不兼容、适配性差等诸多问题。

通过电力设备物联网建设实现设备状态真实感知：一是结合实际生产需求，部署小型化、模块化、低功耗的感知元件，实现主变压器、杆塔、配电站房等核心设备状态的全景实时感知。二是实现感知终端双向控制，运行正常时设备状态信息少报或不报，发生异常或故障时，动态调节上报和召测频率，提高状态参数辨识度，为故障精准研判提供数据支撑。三是充分考虑感知终端接入、在线传输等要求，构建感知层建设标准设计、运维管理等标准体系，为建设模式推广应用提供依据。

## 理念二：典型场景区域自治

传统设备状态采集后直接上送主站，当数据量增加，将不可避免地造成通信网络拥堵、主站存储计算能力下降等问题。在这种情况下，应对措施只有不断扩大网络带宽，更换主站设备，造成资源浪费。

应用边缘物联代理，通过接入设备运行状态及环境状态信息，支持多类型数据汇聚、设备状态评价、无人机联动等功能，实现变电站、输电线路、配电站房等典型场景区域自治。

## 理念三：推动数据融合共享

传统业务模式下，各专业接受上级部门垂直领导，各专业系统自成体系，业务难以贯通，数据共享困难，形成众多烟囱壁垒。同时由于缺乏有效整合及统一部署，巡检人员一次工作需要携带多个移动终端，增加基层工作负担。

通过电力设备物联网建设推动数据融合共享，一是通过开展营配调贯通优化提升，实现数据一个源、电网一张图，保证全电网拓扑、基础数据实时准确。二是通过企业中台的建设应用，支撑快速、高效的数据分析，实现通用业务服务的共享使用。三是整合公司移动作业、移动办公应用，实现基于业务流程的单一应用移动操作，减轻基层工作负担。

## 理念四：打破固有思维理念

现阶段，电力市场化改革向纵深推进，人民生产生活对安全、优质、可持续的电力供应需求愈发多元，传统公司发展理念、电网管理和技术手段面临天花板，需要打破常规，以新思维、新理念应对内外部形势变化带来的诸多挑战。

南京供电公司在电力设备物联网建设过程中明确以下原则：一是应用导向，实事求是。从业务需求出发，充分考虑实用性、经济性和便捷性，花小钱（或不花钱）办大事，为基层班组减负；突出社会公共服务、电网高效运行等方面作用。二是数据唤醒，物以致用。着力解决数据应接未接、接而无用等问题；进一步提升配电自动化、电力无线专网等实用化水平，充分发挥已有建设成果效用。三是边端分离，信息共享。解决终端重复建设、数据重复录入等问题，实现数据灵活迁移和共享互通，支撑数据跨专业复用。四是统筹管理，迭代创新。抓好顶层设计，按照统一技术路线和标准，开展新业务、新业态、新模式的探索并不断迭代创新。

### 方法一：真实感知设备运行状态

南京供电公司先行先试，选取南门区域开展了输电、变电、配电设备，通过各类感知终端、无人机、巡检机器人的部署应用，构建设备状态采集、传输、分析、预警等多维深度感知体系，开展了共计 76 种感知终端部署工作，实现了设备运行状态、环境状态的深度实时感知，有效提升电网故障的可预见性。

### 方法二：构建高效安全的传输网络

高效稳定的数据传输是构建电力物联网的关键，建成 1.8Ghz 省会级全覆盖电力无线专网，已累计投运电力无线专网基站 460 座，实现 3400 余个配电自动化终端的安全、高效接入，构建“有线 + 无线”的协同一体化电力通信网络。

### 方法三：深挖数据应用价值

推动生产指挥由“现场管控”向“远程决策”转变，运检策略由“经验为主”向“数据驱动”转变。唤醒沉睡历史数据，根据大数据分析模型，精准评价、预测设备真实状态，合理安排差异化检修计划，科学制定检修策略，真正实现状态检修，大幅提升设备运行潜力，延长设备使用寿命，有效降低大修技改投资，减少因停电检修造成的电量损失。

### 方法四：规范标准集约建设

以实际需求为导向，研究并形成核心设备关键参数的最优监测方案，明确何种状态参数需要新增采集或暂不采集，形成标准规范，确保精准投资和集约建设。基于边缘计算、人工智能技术应用，实现典型场景区域自治。例如，在阴雨天气，利用巡检机器人、智能终端，开展变电站设备特巡。在雾霾天气，通过一键巡航远程操控无人机，对重要输电通道、重要客户供电线路等进行巡视检查，防止污闪故障的发生。

### 方法五：PMS2.5 系统上线运行

南京溧水区南门区域作为江苏省内首家试点单位，首次以流程贯通替代数据交换，实现溧水地区 284 条中压馈线、4831 个低压台区的营配贯通，营销、运检、调控专业共用“一张图”。

# 源头管控保“优生” 精益运维促“优育”
## ——创建“省内领先”高压电缆精益管理示范城市

**案例类别：**

电网建设

**案例摘要：**

本案例描述了国网江苏省电力有限公司徐州供电分公司（以下简称徐州供电公司）以高压电缆专业水平提升三年行动计划为指导，以创建“省内领先”高压电缆精益管理示范城市为目标，强化顶层设计，完善电缆专业管理体系；强化源头管控和示范引领，打造可复制、可推广的电缆“样板工程”；强化隐患治理，提升电缆及通道本质安全水平；强化创新驱动，推动智慧电缆线路建设的过程，为同类型企业在电缆专业水平提升方面提供了借鉴。

**案例关键词：**

高压电缆　样板工程　规划设计　精益运维

## 案例背景

### （一）事件背景

2018 年国家电网有限公司提出了“高度重视电缆管理，加快健全重点城市电缆管理机构，进一步提高电缆运行维护能力”的要求，在 2019 年国家电网有限公司安全生产工作会上，国家电网有限公司副总经理张智刚要求："加强电缆专业管理，实施三年提升计划""适应城市电缆快速发展要求，推进电缆专业机构建设"，高压电缆专业精益化管理面临新的挑战。

徐州供电公司地处苏北，高压电缆线路发展较晚，电缆设计、建设、运维等方面经验积累少，专业技术力量储备不足。但近年高压电缆设备总量呈快速增长态势，年均增长 25%，远高于全省平均增速 7.54%，高于苏北地区平均增长率 11.45%。加强电缆专业化建设，完善电缆专业管理体系，提升电缆及通道本质安全和智能运检水平，推动高压电缆专业高质量发展迫在眉睫。

### （二）人物信息

运维检修部：输变配电设备运维管理部门，部门主任兼党支部书记姜华，项目负责人，待人和善，作风硬朗，领导力强。专职杨腾腾，项目实施人，从事输电线路运检 10 年，具有较强的专业技术水平及组织协调能力。

电缆运检室：高压电缆专业管理单位，分管主任杭帅，负责徐州市区及贾汪、铜山部分地区的高压电缆运检管理。电缆运检专职段庆权，项目实施人，心思细腻，温文尔雅，电缆井下"发明家"，电缆运检技术扎实，组织协调能力强。

## 案例内容

### 一声成功抢修后的叹息

2018 年 12 月 13 日凌晨 2 点，徐州地区一条 220kV 电缆线路因终端绝缘击穿炸裂造成线路跳闸，同时造成同杆的线路发生故障跳闸。该线路自建成投运刚运行 3 个月。当时气温 -4℃左右，运维检修部姜主任第一时间赶到现场，快速找到故障点，指挥电缆运检班组与工程单位的工作人员进行现场抢修，并协助国网江苏电力电科院专家进行原因分析，连续奋战 21 个小时，直至最终抢修工作结束才回家合了个眼。抢修现场如图 1 所示。

图 1　220kV 某甲线终端故障抢修

在事故分析会上，分管高压电缆运检的杭主任说道："通过对故障终端解体发现，电缆终端铝尾管与电缆铝护套上未用铝焊条打底，同时未按照国家电网设备〔2018〕979 号《国家电网有限公司十八项电网重大反事故措施》要求，加装铜编织线连接尾管和金属护套。电缆终端铝尾管与铝护套未有粘连痕迹，处于完全分离状态，这是一起严重的因厂家安装人员工作责任心不到位引起的事故啊！"

"是啊，除了这一点，我们抢修时还发现，电缆引上部分夹具固定不够，导致在电缆自身重力的作用下，夹具和电缆之间出现滑脱现象，这说明前期的设计不细致和施工不到位也是导致此次事故的间接原因。"徐州送变电公司副总经理舒总说道。

“这次故障，一回线路电缆终端故障爆炸，巨大的冲击力将终端引下导线与支撑绝缘子拉断，造成同杆另一回线路故障，导致事故扩大，电缆终端塔的设计有没有问题？引下线固定方式有没有问题？要好好分析一下。”姜华主任皱着眉头，心事重重。

大家反映的情况，姜主任在现场时也是看在眼里，急在心里，抢修任务执行得很成功，但如果不从源头减少线路事故的隐患，这样艰苦的抢修，以后还不知道要经历多少次。

事故分析会后，姜主任非但没有因为抢修成功而稍感安慰，反而因为忧虑而长长地叹了口气。

## 从热火朝天到束手无策

痛定思痛，几天后姜主任召开了徐州供电公司高压电缆专业座谈会，公司领导、运维检修部、电缆运检班组、徐州华电电力勘察设计有限公司（以下简称华电设计公司）、施工方代表参加座谈。

“今天请大家来是想研究下如何提高徐州地区高压电缆规划建设标准和电缆运维精益管理水平。”姜主任抛出了议题。

“我认为我们应该严把施工质量关，从源头上杜绝故障隐患。”杭主任抛出了观点。

“我们徐州地区电缆施工水平较电缆施工高水平城市差距较大，工期又紧，我建议以后的项目适当延长施工时间。”徐州送变电公司舒总说道。

“电缆工程的设计在施工过程中总是改来改去，最后竣工的实际情况和图纸差别很大，我觉得我们应该加强沟通，一开始就把方案确定下来。”华电设计公司的刘总如是说。

会上大家你一言我一语地说着，讨论的热火朝天，却都是提要求，摆困难，姜主任打断了大家的讨论，说道："那咱们能不能讨论出一套切实有效的实施方案呢？"

大家一下子谁也不说话了，你看看我我看看你，对姜主任的问题都束手无策。

徐州供电公司高压电缆运检专业起步较晚，2014 年才有徐州地区第一段 220kV 电缆线路，高压电缆运行经验不足，施工建设过程管控的更是"一张白纸"，更谈不上什么标准化设计和精益运维了。大家束手无策也不难理解。

## 取"高大上"的经，"接地气"地念

姜主任总结这次座谈会的时候，明确了一个方向。在建设省内领先高压电缆精益化管理城市的赛道上，想闭门造车地追上去，看来难度很大。当务之急是必须组建一个考察小组，走出去，引进来，向电缆专业化管理水平高的地市公司取经，利用徐州地区高压电缆里程数相对较少，起步相对较晚的后发优势，学以致用，争取弯道超车。

说干就干，一个由运维检修部输电专职杨腾腾、电缆专职李军，分管高压电缆运维的杭主任、电缆运维专职段庆权、项目管理专职吉程组成的五人考察小组正式开启了"取经之旅"。

本次考察走访了深圳、南京、苏州等城市的电缆运检室与电缆管理中心，并实地考察了多处电缆隧道与电缆施工现场，全面了解了各家单位高压电缆运维管理的先进模式。归来之后，在成果交流会上，大家都表示不虚此行。

"深圳供电公司的每一个电缆施工项目，运检单位都会深度介入可研、初设、施工、验收等各个环节，除了监理单位的监理外，运检单位会派驻专人进行现场过程管控，一来可以实时管控施工工艺，保证送电验收时不出现需要返工的隐患或缺陷，二来当现场施工遇到技术困难时，可以随时为施工方出谋划策，避免耽误工期。其实相当于在现场安排一位来自运维单位的‘项目经理’辅助进行质量管控。”杭主任介绍到。

“深圳供电公司这样的‘项目经理’一共有多少个？”姜主任问道。

“十几个吧，这个我们是不能比的，但是我们的电缆项目数量相对较少，工区那几位经验丰富的老师傅盯得过来，让年轻人跟着师傅去现场跑，师带徒与现场管控同步进行。”段庆权早就结合徐州供电公司的实际情况想出了对策。

“南京供电公司有自己的实训基地，电缆运检室的职工保持着常态化的电缆运维与施工技能训练，这也是他们每次电缆竞赛都成绩优异的保证。”杨腾腾说道。

“徐州供电公司这方面是零基础，但是我们的桃园变电站扩建之后，站内的老楼完全可以组建一个简易的电缆实训基地，先把台子搭起来，后面的工作就好开展了。”李军补充道。

“苏州供电公司在电缆隧道等工程建设时，运维单位会派人从可研评审会开始全程参与，依据最新的运行要求和公司规定对前期规划设计提出修改意见，并参与图纸会审，发挥自己对现场实际情况更了解的优势，对设计方案提出意见与建议。这样就避免了施工方案频繁更改的问题。”吉程也说出了自己的体会。

……

看着大家纷纷提出了其他城市先进经验在徐州供电公司如何落地的具体建议，姜主任的脸上露出了久违的笑容。

## 高压电缆管理初见成效，智慧电缆隧道建成

此后不久，一套适合徐州供电公司电缆设备运维的管理方法——电缆线

路“全生命周期管理法”应运而生。本方法包含高压电缆“优生、优育”两个方面。

2020 年 7 月 16 日，国网江苏省电力有限公司“苏北地区电缆标准化设计研讨会”在徐州召开（见图 2）。专家组首先来到徐州 220kV 彭九 4685 线 27~28 号智慧电缆隧道现场进行调研（见图 3）。该隧道为徐州供电公司落实省公司提出的“打造苏北一流、省内领先电缆城市”战略目标的重点工程。该隧道的在线监测系统包含机器人巡检、有毒有害气体检测、分布式光纤测温、视频监控全覆盖、应急通信、故障监测、环流监测、局放监测、隧道沉降监测等智能模块，实现了对电缆本体、隧道结构的全方位智慧运维。

在研讨会上，徐州供电公司设备管理部主任姜华向参与的专家组成员具体介绍了电缆线路“全生命周期管理法”。

图 2　苏北地区电缆标准化设计研讨会

图 3　专家组参观彭九 4685 线 27~28 号智慧电缆隧道

### 1. 所谓“优生”，就是严把新建电缆线路质量关

对于新建电缆及通道工程，建立“项目经理”制度。项目经理深度介入工程的可研、初设、施工验收等环节，把公司最新版的专业要求贯彻进去。对于正在建设的电缆工程，工区和建设部、项目中心主动对接，做好过程质量管控，变被动验收为主动服务。尤其是像附件制作，电缆敷设的关键环节，项目经理全过程跟踪监督。

### 2. 所谓“优育”，就是抓好现存电缆的精细化管理

组织人员、队伍，潜心做好电缆台账资料的搜集工作，梳理一套清晰完备的设备台账是开展精益运维的基础。加快推进防火专项治理，消除电缆通道火灾安全隐患。严格执行运行规程，率先开展苏北地区电缆线路例行试验。组建电缆专业“第二班组”，作为电力电缆线路日常巡视的重要补充。编制电缆通道管理实施细则，明确输电电缆通道及输、配、用、通信混合通道管理职责，细化规划设计、施工建设、验收运维等环节管理流程，

有效落实通道断面审批制度，规范电缆通道内各类管线施工，降低电缆火灾风险。

“另外，我们还在徐州的 220kV 桃园变电站内，建立了电缆实训基地，加强我们的人才梯队建设。”姜主任补充道。

省公司专家组对徐州供电公司在筹建电缆运检室、提升电缆智慧运维水平、打造输电电缆“优生优育”工作法、攻关电缆工程设计施工等工作中攻坚克难，勇于开拓的精神给予了充分肯定。“徐州供电公司这套‘优生优育’的电缆线路全生命周期管理法，结合了自身的实际情况，将高压电缆的日常运维工作进行了清晰地梳理，使工作模块化，职责明确，我们这次来也要跟你们取经啦！”专家组成员纷纷表示。

## 案例成果

自开展创建“省内领先”高压电缆精益管理示范城市工作以来，通过“样板工程”示范引领，徐州供电公司高压电缆规划建设标准和电缆运维精益管理水平得到显著提升，城市主电网更加坚强，电缆运检手段更加智能，电缆供电网络更加可靠。

### （一）电缆专业管理体系不断完善

通过创建“省内领先”高压电缆精益管理示范城市，徐州供电公司电缆专业管理体系建设进一步优化，电缆运检人员配置达到 9 人，其中具备技师资格人员 5 人，人员技能水平显著提升。运检装备配置得到完善，配置率达 90% 以上，局放检测、故障测距、查找等能力得到快速提升。

## （二）电缆线路本质安全水平显著提升

通过“样板工程”建设，优选设计方案，提升综合监测智能化水平，落实火灾等隐患反措治理要求，加强施工全过程管控，编制电缆隧道工程、电缆排管工程标准工艺手册，形成了徐州地区电缆工程设计、建设标准，有效提升了电缆线路本质安全水平。

## （三）智能运检管控手段持续加强

依托综合在线监测设施建设和智慧电缆线路建设，建立输电电缆智能运检管控平台，将电缆通道环境监测和本体状态监测数据统一数据接口，实现数据的集中处理和分析应用。率先在江苏省内开展电缆隐患在线监测系统应用，通过人工智能实现隧道机器人巡检、在线监测数据、消防应急处置等的联动，提升了电缆智能运检管理手段。

# 案例思考题

（1）通过本案例，你认为人才培养和技术创新对电缆运检专业的长远发展有哪些促进作用？

（2）通过本案例，徐州供电公司电缆专业管理“优生优育”的理念给你哪些启发？你认为高压电缆专业运维管理还有哪些需要改进和提升的地方？

## 案例启示

徐州供电公司通过总结“优生优育”电缆专业管理理念，致力于搭建“想干事、能干事、干成事”的平台，实施电缆专业人才培养五年计划，加快电缆运维人才梯队建设，形成了以“三促三严”为主要抓手的电缆专业全过程管控模式，该模式下建设的220kV电缆隧道“样板工程”，通过了国网江苏电力首个电缆“样板工程”验收，并获得了与会专家的一致好评。本案例为读者总结电缆精益管理三要点，供读者借鉴。

### 要点一：以学促思，严抓设计

以“走出去、请进来”的方式，开展运检、设计、施工等人员培训，学习规划设计、全过程管控、验收把关、精益运维等关键环节先进管理经验。把好设计关口，因地制宜，打造徐州典范工程。组织编制电缆线路“样板工程”建设实施方案、电缆隧道工程防水实施细则等，联合发策、建设等部门发布电缆线路可研、初设审查要点，固化设计环节典型标准，有效提升专业人员理论水平。

### 要点二：以学促践，严管建设

加强建设环节管控，针对“样板工程”，先后召开5次施工图纸交底会，召开防水、深基坑开挖等关键工序专题会，编制电缆建设全过程管控方案。试点建立“项目经理人”制度，有效落实电缆建设全过程管控要求，在实践中提高发现、分析、解决问题的能力，有效提升专业人员技能水平。

## 要点三：以践促悟，严把标准

强化现场把关、问题追溯，实行“三统一”验收标准，严格把控电缆工程质量。编制《高压电缆附件现场安装质量管控管理办法》，强化工程关键环节管控要求。通过标准对照、以践促悟、巩固提升等，快速提升专业人员综合素质，提高公司电缆专业精益化管理水平。

# “四化”管理　打造地下电力管线资源共享利用新模式

## ——南京地下电力管线精益化管理水平提升案例

**所属类别：**

电网建设

---

**案例摘要：**

本案例描述了国网江苏省电力有限公司南京供电分公司（以下简称南京供电公司）出台地下电力通道管理办法、与规划部门签订地下管线信息共建共享协议、构建地下电力管线信息管理平台的经过。在打造地下电力管线资源共享利用新模式的过程中，南京供电公司明确数据标准和电子数据汇交制度，建立地下电力管线资源“一张图”管理、“一部门”统筹、“一条线”共享的高效利用模式，实现地下电力管线资源的协同化、数字化、制度化和集约化管理，为城市地下电力精益化管理提供了借鉴和参考。

---

**案例关键词：**

地下电力管线　共建共享　信息管理平台　电子数据汇交

## 案例背景

### （一）事件背景

2014 年，国务院办公厅、住房城乡建设部和南京市政府相继发布了《关于加强城市地下管线建设管理的指导意见》《关于开展城市地下管线普查工作的通知》和《南京市政府关于印发城市地下管线数字化建设管理实施方案的通知》，要求全面加强城市地下管线建设管理。

为适应国家统筹精益发展地下空间的需求，落实上级公司加强地下电力管线管理的要求，南京供电公司于 2014 年开展地下电力管线数字化普查工作。普查发现，其管辖范畴地下电力通道管孔单孔单长已超 1 万 km，总数还在持续不断增加，迫切需要对地下电力管线资源统一规划和有效管理。同时，为避免“反复拉链马路”现象的发生，城市规划要求电力通道随城市市政道路新建、改造同步建设，也迫切要求实现电力通道与城市市政规划建设协调发展。

为满足不断增长的地下电力管线精益化管理需求，自 2016 年以来，南京供电公司通过与政府相关部门建立协同工作机制，构建地下电力管线信息管理平台，将地下电力管线管理有机融入城市地下空间资源管理，提升地下电力管线管理的效率和效益，促进地下电网与城市的协调发展。

## （二）人物信息

南京供电公司：国家电网公司大型供电企业之一，担负着南京市 11 个区的供电任务，服务电力客户 342.52 万户，管辖 35kV 及以上变电站 271 座、输电线路约 3.1 万 km，其中电缆线路约 1.4 万 km，电缆化率达 45%。

发展策划部：南京地下电力管线精益化管理的归口部门，负责地下电力管线规划、建设规模、项目立项及管孔使用审批管理；负责对接政府，做好地下电力管线与市政道路建设的有效衔接；负责地下电力管线管理信息平台规划信息的维护。

# 案例内容

## 地下管建矛盾多　精益管理待提升

城市基础设施是城市正常运行和健康发展的物质基础，对于改善人居环境、增强城市综合承载力、提高城市运行效率、稳步推进新型城镇化、确保 2020 年全面建成小康社会具有重要作用。而城市地下管线，是保障城市运行的重要基础设施和“生命线”。

近年来，随着南京市城市发展提速，市政重点工程“道路改造”“街巷整治”“轨道交通”“雨污分流”等项目的集中建设，使得城市地下管网开发建设过程中的矛盾越来越突出，地下管线总量不足、标准不高、运行管理粗放等问题凸显，地下管线的安全和协调发展面临重大挑战。

电力通道是地下管线的重要组成部分，以 2016 年为例，南京市电缆通道管孔单孔单长已超 1 万 km，另外还有大量预埋空管孔，电缆通道总数在不断增加。电力通道规模在不断增长的同时，由于管理手段落后，投资主体多元化、职责和流程不清，电缆通道资源重复投资、建成通道缺乏有效运维和预埋管孔使用混乱等现象时有发生，大大影响了电网的安全稳定运行和资源的利用效率和效益。同时，电力通道与城市市政道路建设难以同步预埋，使得“反复拉链马路”现象时有发生。此外南京市规定，道路建成后五年不允许开挖，即使同意开挖，市政赔偿费用巨大，电力通道规划建设难度加大。因此，迫切需要对电缆通道资源统一规划和有效管理，提升电缆通道管理精益化水平，适应国家统筹精益发展地下空间的需要，促进电力通道与城市市政规划建设协调发展。

那么，南京供电公司是怎样开展这个项目的呢？

## 澄清问题矛盾点　明确目标做实事

想要解决问题，首先需要分析问题，澄清矛盾点，南京供电公司经过一系列调查研究，发现地下电力管线管理的主要问题如下：

### 1. 公司电缆通道的管理维护手段落后

经过调查研究，发现电缆通道管理存在一系列问题。现状管线历史资料分散不全、信息缺失；电缆通道的规划衔接、运维等管理职责和流程不明确，主网、配网、通信等工程通道资源相互挤占情况时有发生，对通道资源的合理利用极为不利；管理手段落后，缺乏统一、有效的应用管理平台，依赖竣工图的传统管理方式影响管理效率和精度。

### 2. 公司电缆通道管理多头分散

随着城市化进程的加快，电缆通道规模越来越大，电缆通道的管辖范围越来越大，地下电力管线的电压等级多（220kV 到 10kV 不等）、通道的种类复杂（隧道、电缆沟、电缆排管、电缆拉管等），电缆通道管理的部门和层级也越来越复杂。以南京公司为例，地下电力管线的管理职责不仅按照电压等级划分，而且还按照地域划分，管理多头、交错、分散，各个部门和专业管理的出发点和要求不一，难以统筹协调。

### 3. 全市电缆通道缺乏统一、闭环的管理体系

目前，电缆通道建设资金来源主要有：由供电公司投资，在输变（配）电工程中建设的电力通道；由园区或开发区等政府投资，与道路同步建设的电缆通道；由用户投资，在居配、接入、迁移等工程中建设的电缆通道。由于电缆通道投资的多元化，不是由供电公司投资的地下电力管线，由建设方委托实施管控，供电公司不参与建设、施工等后续环节，使得建成后往往处于无人管理、无人维护的状态，电缆通道缺乏统一、闭环的管理体系。

### 4. 全市电缆通道没有真正建立动态管理机制

全市电缆通道信息的更新管理仍然停留在纸质化管理状态，随意性和及时性无法保证。一是由于没有统一的信息平台，无法随着城市道路的不断发展及时更新地下电力管线与周边管线的变化信息；二是电缆通道信息的更新缺乏制度保障，对不是公司投资的电缆通道信息没有进行动态更新管理。

### 5. 全市电缆通道资源缺乏高效的利用模式

由于没有统一的电缆通道资源信息平台，在电缆通道规划和设计等阶段，无法实现统筹考虑、综合利用；而且由于没有统一的电缆通道空间开放规则和制度，使得地下电力空间资源利用过程中矛盾时有发生。

电缆通道管理的现状已经不能满足城市和电网建设飞速发展的需要，面对日新月异的城市和电网建设，迫切需要不断创新管理模式，提高电缆通道管理的质量和水平。

发展策划部对现状和问题有了全面、系统的分析后，为适应城市集约化发展要求，把握国家和国家电网公司系统开展地下管线数字化普查的机遇，构建融合电缆通道规划、运维、抢修、管孔资源开放利用等业务流程的数字化管理体系，大幅提高电缆通道管理的精益性水平。

南京供电公司在市规划部门的指导下，借鉴电网国际比较成果，对主城区域创新开展了饱和负荷下的电力通道规划研究工作。电缆通道资源精益化管理体系构建的基本思路是：落实“两化融合”的发展思路，坚持“规划统筹、管理高效、资源集约”的原则，将信息化技术融入电缆通道管理的各个环节，建立基于价值链的协同管理体系，开展管线数字化普查，构建电缆通道管理综合平台，规范数据标准和流程制度，并将电缆通道管理有机融入城市地下空间资源管理，提升电缆通道管理的效率和效益，促进地下电网与城市的协调发展。

## 多措并举讲成效　精益管理有绝招

南京供电公司基于当前主要问题，快速调整策略，决心从以下四个方面开创地下电力管线资源共享利用新模式。

### 1. 创建组织价值链，专业部门高效协同

（1）开展利益相关方价值链分析。

原有公司电缆通道管理的视角往往局限于电网本身，围绕安全可靠运行对电缆通道管理的要求开展规划、建设和运维，但是电缆通道管理涉及城市市政、电网发展和用户接入，因此往往出现部门、专业之间各自为政，利益相关方的矛盾难以协调的情况。南京供电公司首先从价值链分析入手，明确电缆通道是一种社会资源，要实现城市、电网与用户的协调发展，电缆通道的管理必须以社会资源价值最大化为统一价值观，打破政府、公司部门、专业壁垒，实现电缆通道管理的集约高效。

（2）构建基于价值链的组织体系。

在价值链分析的基础上，按照社会资源高效集约利用的原则，根据不同的利益相关方和业务属性逐级细化，形成由“资源管理、专业管理、部门管理”三级组成的管理框架（见图 1）。在此基础上，形成“规划统筹资源，建设衔接计划，资产动态运维，营销服务支撑”的价值链组织体系。即发策部门统筹所有电缆通道资源的规划和审批，建设部门衔接主配网和城市、用户的建设计划，做好同步建设，运维部门统筹资产的运行、维护、抢修，营销负责做好用户接入系统电缆通道的服务支撑。

（3）完善电缆通道资源价值链管理流程。

在此价值链组织管理体系下，公司完善了电缆通道资源管理的流程。一是开展地下电力管线资源数字化建设，实现电缆通道信息化管理。价值链管

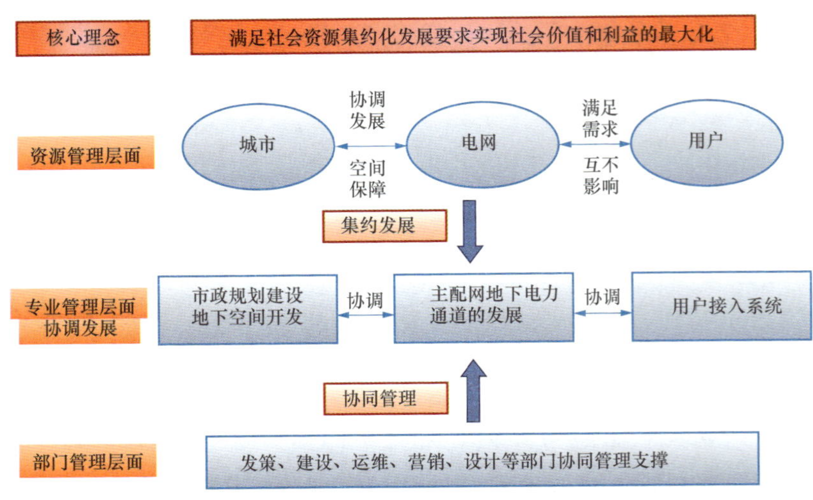


图 1　基于价值链分析的由三级组成的管理框架

理的关键是实现电缆通道资源的数字化，通过开展地下电力管线普查和数字化管理平台建设，实现电缆通道资源的可视、可控。二是开展电缆通道饱和负荷通道规划，完善电网与城市地下通道规划衔接流程。将电缆通道规划纳入城市地下管线综合规划并报批，实现电缆通道资源的规划合理有效控制。三是滚动编制电网与市政地下通道建设三年衔接计划，完善电网与城市地下通道建设计划衔接流程，基本实现电网建设与道路建设的同步，避免“反复拉链马路”。四是建立会签制度，完善电缆通道建设使用流程。通过会签制度，确认电缆通道建设规模和使用情况，原则上道路建设电缆通道按照远景规模一次建设，避免不同电压等级和电力管孔穿孔的混乱。

### 2. 善用数据，搭建地下管线信息化数字平台

（1）开展电缆管线数字化普查工作。

摸清“家底”才能管好“家产”，根据市政府要求，供电公司配合规划部门进行全市地下管线的数字化普查工作。通过把握城市开展地下管线数字化普查工作的机遇，按照住房城乡建设部等部门《关于开展城市地下管线普查工作的通知》（建城〔2014〕179 号）和《市政府关于印发南京市城市地下管线数字

化建设管理实施方案的通知》要求，南京供电公司对全市范围全面开展了城市地下电力管线普查工作。一是成立地下电力管线数字化建设组织机构。南京供电公司高度重视地下电力管线数字化建设工作，2014 年成立了公司领导为组长，发策部、运维部、建设部、营销部、信通公司等各相关部门负责人为副组长的工作组，负责配合管线探测单位开展基础信息核对、确认，通过地面和井下勘测等多种方式，确保地下电力管线基础信息的准确性；负责南京市地下管线数字化建设与电力专业地下管线数字化建设的衔接和协调工作，加强和政府相关部门的沟通，实现信息系统之间的资源共享。二是建立过程管控和核对机制。通过月度例会制度，过程管控和推进地下电力管线数字化建设工作，同时，通过电力管线普查数据与政府地下管辖普查数据的双向核对，确保地下电力管线普查的准确性。三是开展同步隐患排查。结合普查工作同步开展管线隐患的排查，并同步整改到位，确保地下电力管线资源的有效性。

（2）构建基于大数据的信息管理平台。

通过普查工作提供了地下电力管线基础信息的既有数字化成果；配合管线探测单位开展地下电力管线基础信息核对、确认，确保了管线基础信息的准确性。大数据时代的到来极大地促进地下电力管线管理的发展，云计算降低了电力 GIS 的海量数据存储和处理成本，大数据的相关技术会使电力 GIS 数据的存储更加便捷和高效，同时使人们可以从海量的电力 GIS 数据中挖掘出相关的知识，并运用这些知识为企业决策服务。

因此，在开展管线数字化普查和电缆通道饱和负荷规划的基础上，南京供电公司利用大数据挖掘技术构建了地下电力管线数字化信息管理平台。管理平台主要由数据管理系统、数据查询系统、管孔审批系统和运维管理系统等部分组成，如图 2 所示。

地下电力管线数字化平台构建遵循“实用性、先进性、动态性、可扩充性”的原则开发设计。实用性：即紧密结合各部门和各专业的实际工作需要，

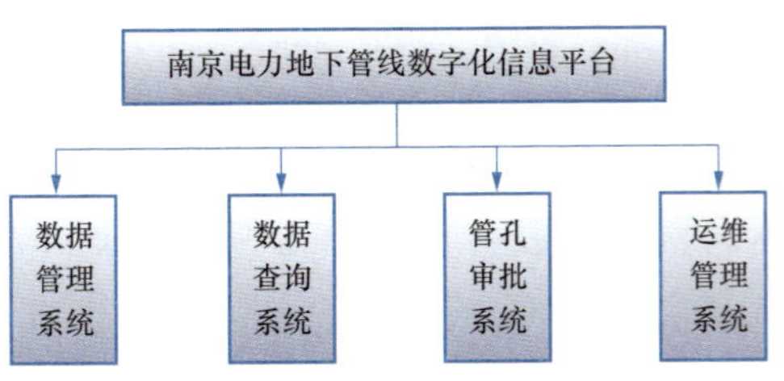


**图 2　南京电力地下管线数字化信息平台组成**

将日常业务流程纳入系统功能，实现日常工作业务的数字化处理，提高工作效率。同时充分发挥系统在数据资源处理、查询和图层叠加等方面的优势，促进电缆通道管理业务流程整合。先进性：采用大数据、云计算等先进技术，提高处理地下管线海量信息的质量和速度，同时采用面向服务架构（SOA）技术，确保平台体系的先进性，实现业务应用的敏捷和高效。动态性：实现采集数据和管理数据的动态更新，确保数据的实时性和准确性，为各个专业提供可靠的数据支撑。可扩充性：充分考虑系统数据和系统功能的扩展，通过 SOA 软件架构实现服务的自由扩充，使软硬件能够适应业务发展与变更。同时具备与国家电网公司 GIS 系统和城市地下管线信息平台扩展的条件。

地下电力管线数字化平台实现的主要功能如下：

1）实现地下电力管线大数据的融合管理。地下管线物理信息包括地下电力管线的地理位置信息、断面信息、状态信息、管孔使用信息以及规划信息。通过电缆通道数字化平台实现对地下管线信息的叠加展示，从而为管理人员作决策提供可靠依据。地下电力管线数字化管理系统信息展示如图 3 所示。

2）实现地下电力管线大数据的分析与挖掘。大数据时代，建立在相关关系分析基础上的预测是大数据的核心。本项目集成管线及周边环境空间数据、实时影像数据，为规划选线、排查管线安全隐患、事故紧急处理提供辅助决策分析。地下电力管线数字化管理系统辅助服务如图 4 所示。

一是规划选线辅助分析服务。充分利用管线的连续性、网络状分布的特

图 3　地下电力管线数字化管理系统信息展示

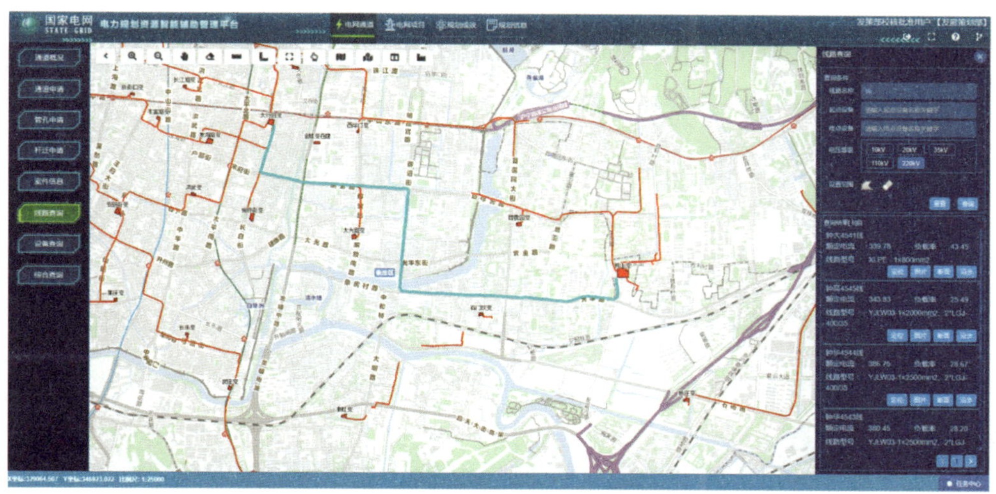


图 4　地下电力管线数字化管理系统辅助服务

征，结合 GIS 空间分析技术，将地下管线数据形成管线网络，在管线网络的基础上，并考虑管孔的占用情况，实现管线的路径追踪、使用情况分析、最佳路径选择及辅助规划选线的高级应用功能。

二是隐患排查辅助决策服务。根据管线、隐患、维修情况、抢修力量等信息综合分析出事故发生概率高的区域和管线种类，对发生事故可能性高的地区提出预警提示，以便及时检修管线，避免和减少管线事故的发生。

三是应急处置辅助决策服务。发生应急事故时，根据应急事故的等级发布预警级别，并启动相应的应急预案，对事故发生的原因、影响范围、周围存在的危险源或资源进行综合分析，采取合理的处置方案。

3）实现地下电力管线资产的全寿命周期管理。地下电力管线数字化平台实现了地下电力管线资产全寿命周期的规划、建设、运维、退役四个关键阶段信息的整合，平台可以统筹协调资产在全寿命周期过程中的管理行为和技术要求，实现资产全寿命周期内安全、效能、成本的综合最优。

4）实现地下电力管孔资源的审批管理。依据地下电力管线平台中每条道路上的管孔断面信息和管线饱和负荷规划信息，将地下电力管线审批流程纳入地下管线数字化平台，实现地下电力管线资源的实时更新和动态管理。

### 3. 建章立制，规范化运维管理

（1）出台《南京供电公司地下电力通道管理细则（试行）》。

为加强对公司电力通道的规范管理，发挥地下管线数字化平台的融合作用，优化协调各个部门职责，经过各部门反复研究讨论，出台了《南京供电公司地下电力通道管理细则（试行）》。一是进一步明确了各个专业管理部门的职责分工；二是进一步明确了电缆通道规划、建设、运维和管孔资源审批等管理流程；三是进一步明确了数字化管线平台维护和动态更新管理流程与制度。

（2）构建地下电力管线数据标准和管线成果技术规定。

为进一步规范地下电力管线数字化融合工作，公司在衔接城市管线数据标准和探测技术规程的基础上，构建了地下电力管线数据标准和管线成果技术规定，进一步明确了电力管线数字化信息的数据结构、精度、代码类别和成果展现形式，为电缆通道数字化普查和管理推广应用创造了良好的条件。

（3）建立地下电力管线电子数据汇交制度。

为实现地下电力管线数字化平台管线数据的动态修订，公司建立了地下电力管线竣工测量电子数据汇交制度。明确地下电力管线建设工程完成竣工测量后十个工作日内，由建设单位（或委托测绘单位）向公司地下电力管线数字化平台运维部门汇交竣工测量成果电子数据，并提交汇交单，完善管理流程。负责地下管线验收部门收到汇交单并检查数据无误后，才能出具正式的验收意见。

### 4. 统一管理，“三个一”凸显新模式

（1）建立地下空间资源信息“一张图”管理。

在完成城市饱和负荷通道规划和电缆通道现状普查的基础上，将规划信息和现状信息在地下管线数字化平台上通过一张图叠加，全面统筹管理道路断面和现状管线断面的空间资源信息。对于市政道路，通过“一张图”管理，明确道路的地下电力管线规模，协调电力管线与市政其他管线的空间位置，避免重复预留和市政管线布置矛盾；对于地下电力管线，通过“一张图”管理，明确现状管线的穿管位置和剩余管位，避免管线不同电压等级乱穿带来的管孔使用浪费并合理高效地利用剩余管位。

（2）明确地下空间资源开放“一部门”统筹。

为统筹地下空间资源管理，避免地下空间资源的重复开放，公司明确了发展策划部作为地下空间资源管理的责任部门，结合现状及规划，综合考虑电网及用户需求，统筹地下空间资源的开放。运维部、建设部、营销部等相关部门在开展电缆通道相关专业工作过程中涉及电缆通道规模和开放利用的都需要取得发展策划部的正式书面意见。

（3）实现地下空间资源利用“一条线”互享。

对于地下空间资源的现状和规划信息，通过地下管线数字化平台实现了地下空间资源利用的“一条线”互享。外部将公司地下电力管线数字化平台作为南京市规划局的市政地下管线数字化平台的子平台，实现数据共享；内部通过网页形式，实现地下电力管线信息的实时浏览共享，有效实现地下电

力空间资源的全业务流程“一条线”互享。

## 案例成果

南京供电公司通过构建电缆通道资源精益化管理体系，形成了电缆通道资源高效管理模式，管理效益、经济效益、社会和生态效益明显。

### （一）管理水平有效提升

通过构建电缆通道资源精益化管理体系，电缆通道的规划、建设、运维、抢修、管孔资源等管理水平明显提升。一是实现了电缆通道的数字化管理和动态维护。改变了原有电缆通道的纸质化管理的落后手段，实现了电缆通道现状、规划、建设等信息的可视化、数字化、动态化管理，在提高效率的同时大大节约了人力和物力。二是实现了电缆通道管理的协同化。通过价值链组织体系构建，应用地下电力管线数字化平台，使得各专业、部门以实现电缆通道资源集约利用为原则，协同推进电缆通道的管理。三是实现电缆通道管理的规范化。通过完善地下电力管线数据和探测标准、电力管线电子数据汇交制度、地下电力通道管理办法等相关的标准制度，规范电缆通道管理流程和部门职责，并融入地下管线数字化管理平台实现电缆通道管理的规范化。

### （二）经济价值收效明显

通过构建电缆通道资源精益化管理体系，有效避免电缆通道使用矛盾，实现电缆通道经济分布控制，大大节约了用户接入的投资以及公用电力通道建设费用。以老城新街口地区和河西新城中部地区 $10km^2$ 对比，老城的电缆通道的控制停留在纸上，对通道宽度和位置没有准确的定位，在选线和建设过程中矛盾突出，用户及公用线路绕路现象时有发生；而河西中部地区通过电缆通道的数字化实现了统筹规划和提前预控，用户接入和公共线路按照规划有序接入，电缆通道投资费用整体下降约 30%，预计节约投资费用近 5000 万元，经济效益明显。

### （三）社会和生态效益显著

通过构建电缆通道资源精益化管理体系，统筹地下空间规划和利用，实现了地下空间资源的集约化利用，提高了供电服务的质量和效率，社会和生态效益显著。一方面，通过电缆通道数字化管理，避免了由于无法摸清地下管线现状而重复规划建设电缆通道的情况，实现了城市资源利用的高效节约。同时统筹协调了市政道路、电网线路和用户接入的地下空间资源，实现电缆通道与城市市政的协调发展，有效避免了“拉链马路”的发生。另一方面，通过电缆通道数字化管理，节省了用户原先管线资料采集、路径选线等流程时间，单个用户电缆接入服务效率提升 35%，有效提高了供电公司服务的质量和效率。同时电缆通道资源精益化管理体系，采用“专业化、标准化、制度化”的建设原则，形成了可推广、可复制的典型实践。其构建方法、模式等管理创新实践，在全国范围内具有广泛的推广应用价值。

## 案例思考题

（1）在国家加强城市地下管线建设管理的战略要求下，电力公司如何提升精益化管理水平？

（2）本案例中哪些思路或做法可以迁移到您的工作中，您有哪些启发？

## 案例启示

在本案例中，南京供电公司总结出“四化”“三个一”的创新管理模式，以顺应国家加强城市地下管线建设管理的战略要求，落实国网江苏电力“两化融合”的创新举措。

总结“四化”管理的思路，可以应用于城市地下管线建设的战略项目中。“四化”管理体系如图 5 所示。

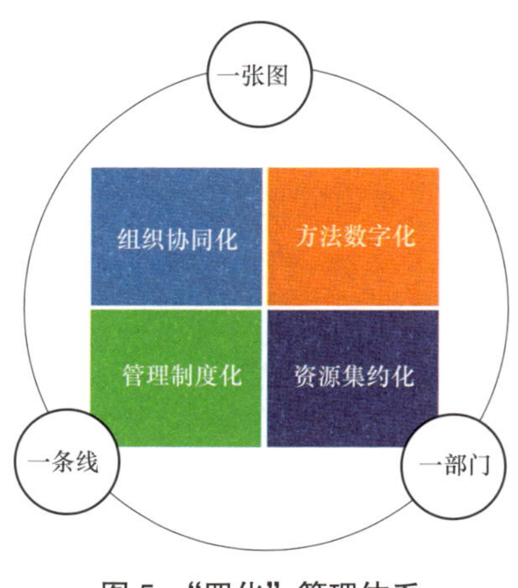


图 5 “四化”管理体系

### 1. 组织协同化

开展利益相关方价值链分析，构建基于价值链的组织体系，从而完善电缆通道资源价值链管理流程。地下电力管线是一种社会资源，南京供电公司通过与规划部门签订《城市地下管线地理空间信息共建共享协议》，打破供电公司与政府部门之间的信息壁垒，实现电力管线资源的共建共享。

### 2. 方法数字化

开展电缆管线数字化普查工作，构建基于大数据的信息管理平台，实现了地下电力管线大数据的融合管理、分析与挖掘、全寿命周期管理，以及地下电力管孔资源的审判管理，从而实现地下电力管线资源的实时更新和动态管理。

### 3. 管理制度化

相继制定《南京供电公司地下电力通道管理细则（试行）》《南京供电公司地下电力管线探测技术规程》《南京供电公司地下电力管线工程竣工测量电子数据汇交工作管理意见》，构建数据标准和电子数据汇交制度，明确各部门的职责分工和管理流程。

### 4. 资源集约化

建立地下空间资源信息“一张图”管理，明确地下空间资源开放“一部门”统筹，实现地下空间资源利用“一条线”互享。从而实现地下电力管线资源精益化管理，打造地下电力管线资源共享利用新模式。

“组织协同化、方法数字化、管理制度化、资源集约化”的基于数字化融合的电缆通道资源精益管理体系，有效提升了电缆通道资源的管理效率和效益，促进电网与城市协调发展。

# 04 管理提质篇

PART 4

# 数据发声 信息共享

## ——基于数字化平台的运营数据资产体系及工具的构建和应用

**案例类别：**

管理提质

---

**案例摘要：**

本案例描述了国网江苏省电力有限公司（以下简称国网江苏电力）互联网部采用“理论 + 经验 + 实际”的方法，基于国际主流数据管理理论、其他行业先进数据管理和运营经验，立足电网企业业务实际，建立运营数据资产管理工具并付诸实际运用的过程。案例提出了“1-3-5”数据运营管理体系，为运营数据管理提供理论与保障的支撑，促进了电网企业数据化服务能力的形成，改善现有的数据运营管理现状，并为输出电网企业数据业务模式奠定坚实基础，具有较好的借鉴和推广意义。

---

**案例关键词：**

数据资产　数据运营　管理体系

# 案例背景

## （一）事件背景

2015 年国务院印发了《促进大数据发展行动纲要》，系统部署我国大数据发展工作。在国家“大数据战略”“互联网 +”等政策的推动下，国家电网公司党组要求落实“用数据说话、用数据决策、用数据管理、用数据创新”理念，提出“加强数据集中管理，可实现全公司信息共享；强化数据分析，提升数据应用水平和商业价值”的数据运营管理要求。

国网江苏电力是国家电网公司规模最大的省级电网公司之一,一直以来在响应国家政策落实国家电网公司总部要求上无论在管理还是技术上都是坚持“努力超越，追求卓越”。在大数据应用和数据中台方面，国网江苏电力也有做相关的探索和研究，但是随着公司规模日趋庞大，仍存在业务数据家底不清、标准不一、缺乏统筹规划、共享开放不足等问题。

### （二）人物信息

互联网部：数据资产的主管部门，主任老李。

互联网部商务拓展处：处长老罗，项目负责人，思维灵活，属于授权型领导类型。专职小刘，具有较强的组织协调能力，善于洞察商机。

互联网部数据管理分析处：处长老顾，从事数据资产全寿命管理工作多年，考虑事情全面。副处长小车，项目实施人，在数据中台管理及数据分析方面经验丰富，工作认真细致。

## 案例内容

### 一个小咨询引发的大思考

2016 年 2 月 14 日，一大早小刘接到一个好友的电话，两人寒暄了一会之后，好友直奔主题：“你在电力公司工作，是否能帮忙了解下接下来会对哪一类设备进行大批量的投入呀，我们公司最近计划对相关设备进行升级，但是侧重点还不是很明确，想通过你这边了解下！”

小刘听完好友的询问，轻松地回答：“这个好办，我们可以查下数据，看看各个区域的用电情况，再结合用电用户情况做个分析大致就能知道了。”

“那太好了，我就知道找你就对了，那我就等你的好消息啦！”好友开心极了。挂完电话后，小刘立刻想到，这样的信息意义很大，对于电力内部项目规划投资应该都是有很好的数据支撑作用的。于是她立马联系上小车，询问对方数据中台是否能查到相关的数据，小车遗憾地回答道：“数据中台的数据都是有客户需求的，有业务系统需要用到才会接入，目前满足各业务系统获取数据的需求，但是对数据本身并未划分类别，你需要的用电情况属于用电信息采集类量测数据，目前除了营销用于结算电费外，没有其他系统有相关的数据需求，数据中台暂未接入相关数据，因此给不了你相关的信息！”

小刘略有失望，但是她坚持道：“数据中台不应该包含所有的数据吗？”小车回答：“是应该包含所有数据，但是目前全省业务数据量大，目前还没制定相应的数据标准来接入所有数据，没有标准，把所有数据囫囵吞枣得接进来肯定乱而无章，无法有效利用！”

针对这个小小的咨询引发的问题，两人都陷入沉思。小刘将这个问题向罗处做了汇报，罗处觉得这对江苏的大数据工作是个警醒和提示。于是一场关于数据资产如何管理的座谈会顺势召开。

## 座谈会召开，数据资产平台建设项目正式立项

2016 年 2 月 17 日，互联网部组织了一场全员座谈会，主题就是数据资

产如何管理。参加座谈会的有主任、老顾、老罗、小车、小刘。首先老顾就当前数据方面工作做了汇报。

老顾讲道："目前数据中心就类似于一个数据库，为有需求的各个业务系统提供数据资源，数据资源来自不同的业务系统或者设备等。"

老罗问道："那这些数据是怎么管理的呢，如果有些数据已经接入了，而新的需求牵涉到的数据存在重复现象有考虑去重的机制吗？"

小车答道："关于数据重复的需求，我们通过后台手动核实，但是往往在同一张表里涉及的字段有包含关系的需求排查和接入耗时较多，要是一开始就全部接入了，数据核查起来会相对容易些！"

老顾补充道："当前数据中心的数据还不全，尚未接入全部的数据，其次数据管理层面工作薄弱，数据核查基本靠人工从后台查询，费时费力没有把数据真正管理起来！"

"确实大量的数据管理起来靠人为是挺费劲的，我们是不是考虑借助于工具，如果数据的管理能够通过工具或者页面操作实现的话，应该能减少人力，有效提高工作效率。"老罗提出了自己的想法。

老顾讲道："我赞成你的想法，如果实现了工具管理，那么对于后期数据的治理也将奠定基础。"

"数据作为企业的核心资源，我们要把数据的价值充分地体现出来。我们要在数据资产管理、数据运营管理上下功夫，确保数据资源的规模和分布被掌握，确保所有数据都能被管理，确保数据的获取和治理可控。"座谈会以主任的点睛之笔圆满收尾。

这次座谈会后，互联网部正式确立了运营数据资产管理平台建设项目，成立了项目组，项目结项时间为 2018 年 11 月底。项目具体推进任务交到了小车和小刘的手上。

## 多方调研，确定实施方法

接到任务后小车和小刘着手安排项目启动前期的各项准备工作，对国家政策、国家电网公司要求、国际主流数据管理理论、其他行业先进数据管理和运营经验等内容进行收集和内涵挖掘（见表 1）。

表 1　　项目启动前的准备工作

| 调研项 | 具体内容或要求 |
| --- | --- |
| 国家政策 | 2015 年国务院印发了《促进大数据发展行动纲要》，系统部署我国大数据发展工作，国家大力提倡“泛在电力物联网”“大数据战略”“互联网 +”等发展方向 |
| 国家电网公司要求 | 国家电网公司党组要求落实“用数据说话、用数据决策、用数据管理、用数据创新”理念，提出“加强数据集中管理，可实现全公司信息共享；强化数据分析，提升数据应用水平和商业价值”的数据运营管理要求 |
| 国际主流数据管理理论 | 主要包含以下几方面：<br>数据治理：数据治理、组织结构与角色、数据管家（数据治理专员）数据战略、数据为中心的架构、数据安全隐私与保护、企业信息管理。<br>数据管理：数据质量、数据架构、数据工程开发、数据建模、主数据管理、元数据。<br>数据技术：数据科学、数据湖、图数据库 & 本体论、NOSQL。<br>数据领域热点：人工智能、机器学习、大数据、区块链 & 分布式计算 |
| 其他行业先进经验 | 以阿里、亚马逊、京东、IBM、华为、联想等为代表的先进企业，建立了以用户为中心、以数据为驱动的核心竞争策略，企业保持着创新活力与基业长青 |

经过多次头脑风暴，项目组对运营数据资产管理究竟怎么做达成了共识，采用“理论 + 经验 + 实际”的方法，基于国际主流数据管理理论、其他行业先进数据管理和运营经验，立足电网企业业务实际，构建公司“1 个核心、3 个保障和 5 个能力”的数据运营管理体系，明确了数据管理的六个步骤（见图 1）。

接下来小车和小刘共同参与构建运营数据资产管理体系的工作。

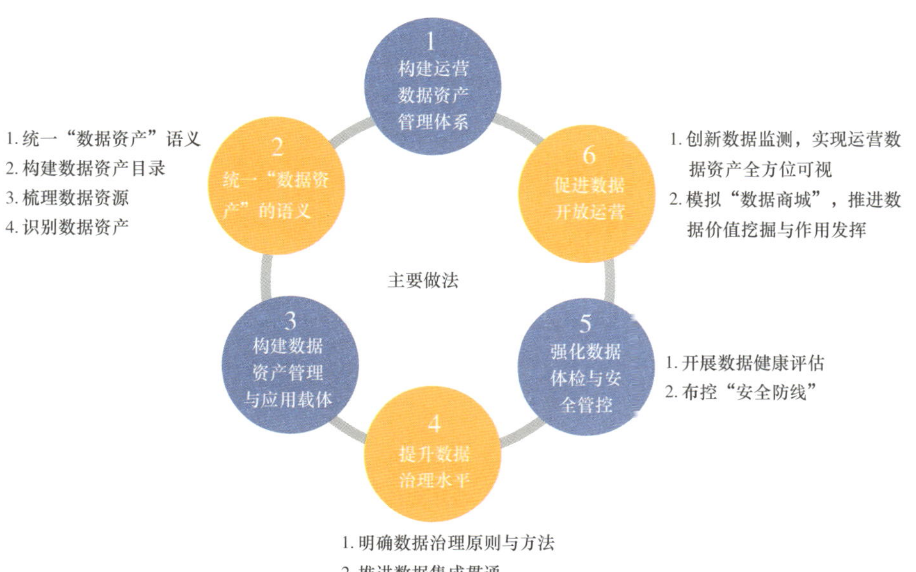


图 1　运营数据资产管理步骤

基于国际主流数据管理理论、其他行业先进数据管理和运营经验，构建了"1-3-5"数据运营管理体系（见图 2）。"1 个核心"是指围绕数据为核心，

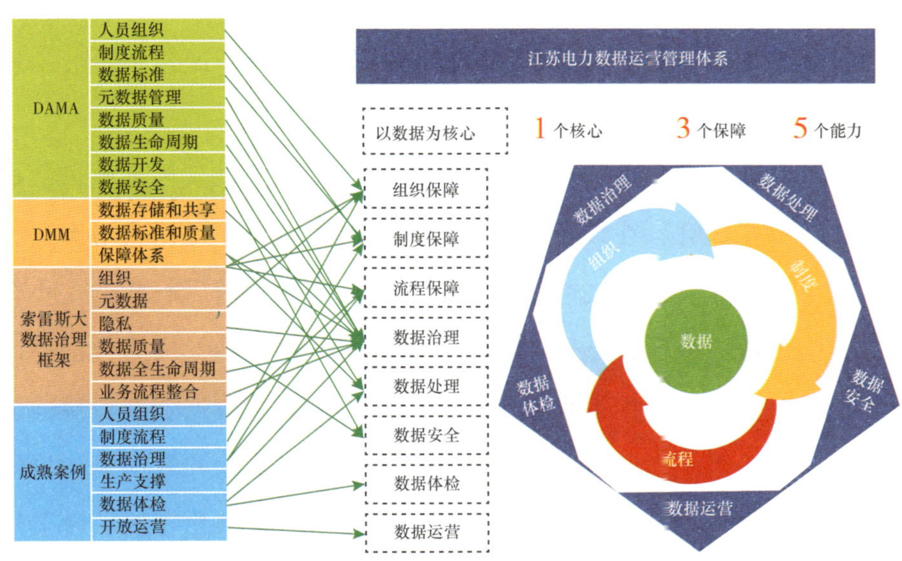


图 2　以数据为核心的"1-3-5"数据运营管理体系

“3 个保障”是指建立健全运营组织、制度和流程，“5 个能力”是指数据治理、数据处理、数据体检、数据安全和数据运营五个能力。

## 重新分工，化险为夷

在数据运营管理体系制定好后，小车和小刘对下一步任务做了分工：小车负责统一“数据资产”的语义工作，小刘负责构建数据资产管理与应用载体的工作。

小车这边按计划分四步进行：统一“数据资产”语义、构建数据资产目录、梳理数据资源、识别数据资产。因为数据资产量大，种类多，在规范数据资产属性和构建数据资产目录工作上耗时较长。而另一边小刘负责的数据资产与应用载体的搭建已经如期完成，还等着小车那边的数据资源目录来验证系统的功能是否满足条件呢！结果每次小刘问到进展，小车都是说数据资产很多很杂，短时间内是无法梳理好的。于是二人将当前进展跟上级领导们做了汇报，最后接上级指示：小刘和小车虽有分工，但是应以项目整体为重，实时分析项目总体进展，分阶段分情况选择是分工还是共同推进任务。

眼下因为缺少基础数据（数据资源目录），小刘无法实际地测试数据的在线获取、在线计算、在线分析和在线应用等功能。于是两人协商后，小刘确认搭建好的应用载体功能层面没什么操作问题，然后赶紧加入小车的工作中。两人通力合作，基于业务融合和数据共享原则，依据数据资产界定原则，从业务数据集中识别数据资产，匹配至对应数据资产目录，采集数据资产属性，最终形成公司数据资产清册。有了实际的数据资产目录作为基础，数字化平台也得以顺利测试和实际运行。数字化管控平台架构如图 3 所示。

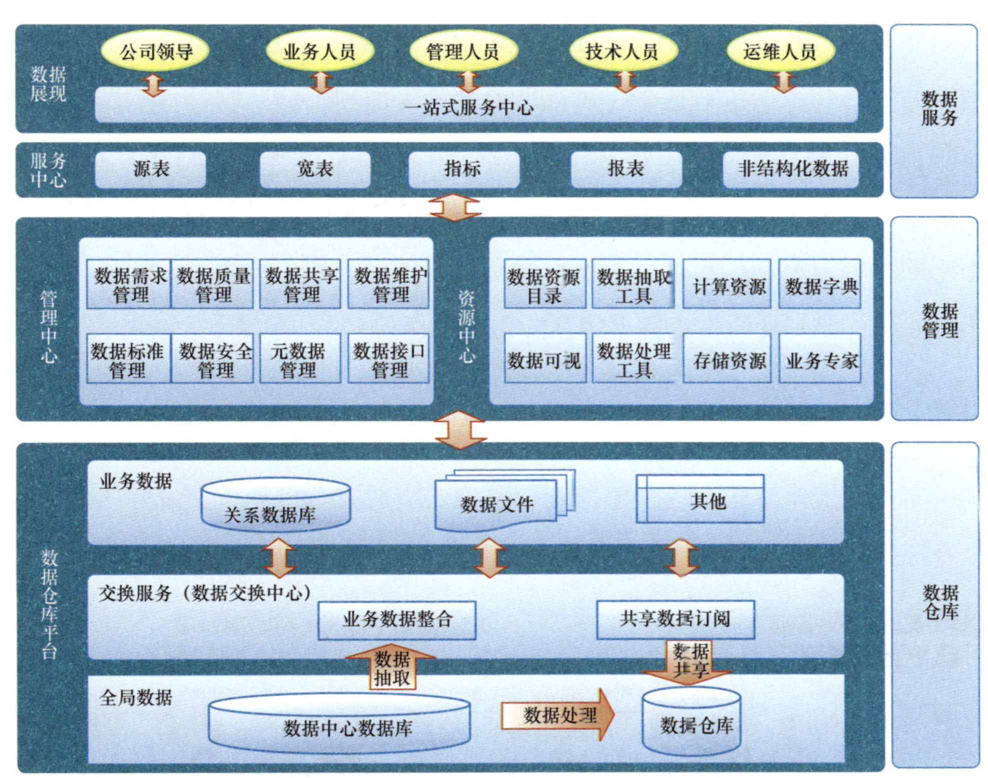


图3　数字化管控平台架构

## 项目进展，有条不紊

有了前面两个阶段的分工合作的经验之后，小刘和小车对接下来的工作分工情况有了很大的信心。他们先把接下来的任务做了大概分析，对于能够同时开展的两人分工合作，不能同时开展的再一起面对，逐步实现。经过分析和协商之后，二人决定，小车负责数据治理层面的工作，而小刘则同步开展数据安全管控层面的工作，在这期间如有需要协商讨论的都会及时提出，尤其是一些疑难点二人协商不能定下最终方案的，则需要整个项目组参与集众人之力。

在数据治理层面，增量数据和存量数据的治理方式上是否一样，不一样又该如何区别对待。这个首要问题在项目组多次开会讨论后才得以最终确定，遵循“严格控制增量数据，存量数据分级分步治理”的原则。对于增量数据做到数据登记、变更的严格管控，并且统一进行数据建模；对于存量数据，采取重点数据优先治理，次要数据用时治理的原则。通过对两方面数据采用不同的治理策略，逐步改善系统数据质量，最终实现全量数据的标准化。小车按照以上原则逐步推进数据治理的相关工作。

另一边，小刘同步开展安全管控层面的工作，他主要分 2 步推进工作：首先开展现场调研和访谈获得公司的数据管理现状并对健康程度进行评估，其次布控“安全防线”提供事前安全策略及事后安全审计。全过程的数据安全管控如图 4 所示。

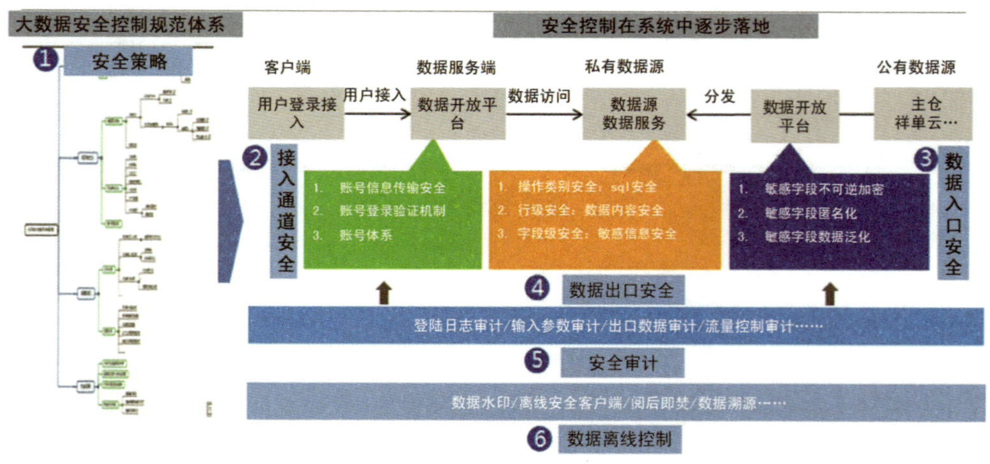


图 4　全过程的数据安全管控

## 项目后期，数据资产全方位可视

在数据治理和安全管控的相关工作推进完成后，小车和小刘又共同投入到最后一步数据开放运营层面的工作上，创新性地提出数据监测，将数据资产和数据管理直观展示，实现运营数据资产全方位可视；模拟“数据商城”，推进数据价值挖掘与作用发挥。数据资产视图如图 5 所示。企业数据流图如图 6 所示。服务价值视图如图 7 所示。开放数据应用与传统数据应用的比较如图 8 所示。数据商城构建如图 9 所示。

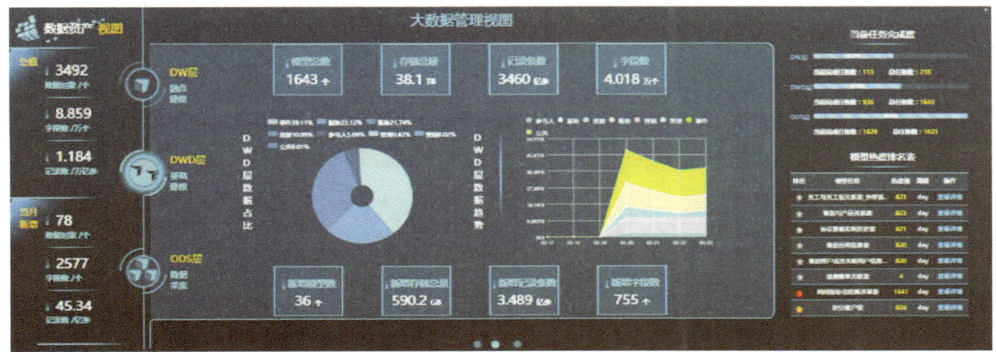


图 5　数据资产视图

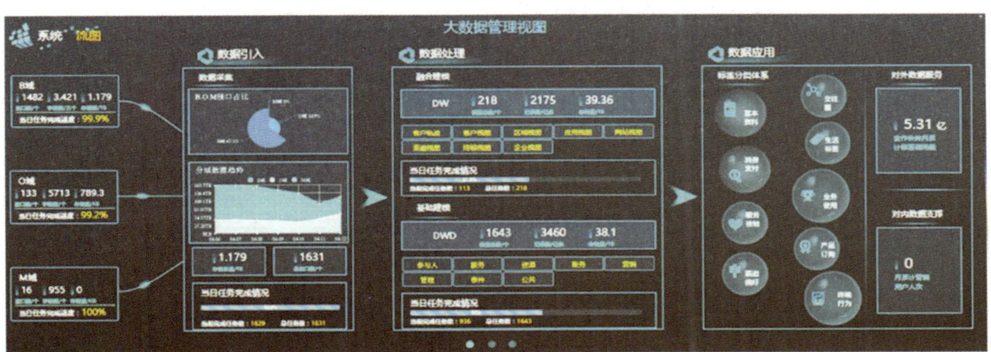


图 6　企业数据流图

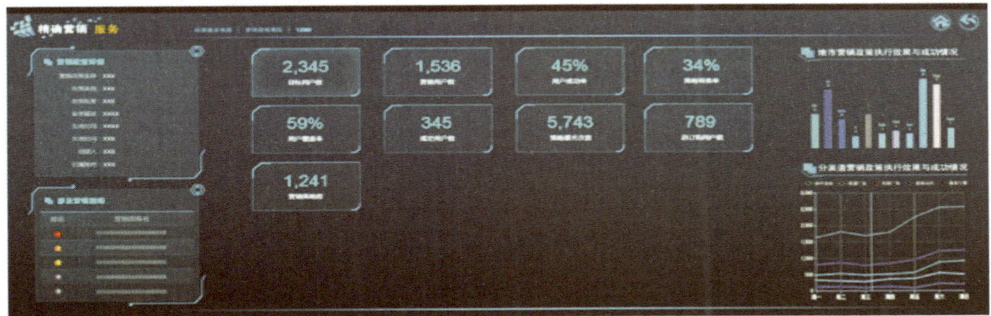


图 7　服务价值视图

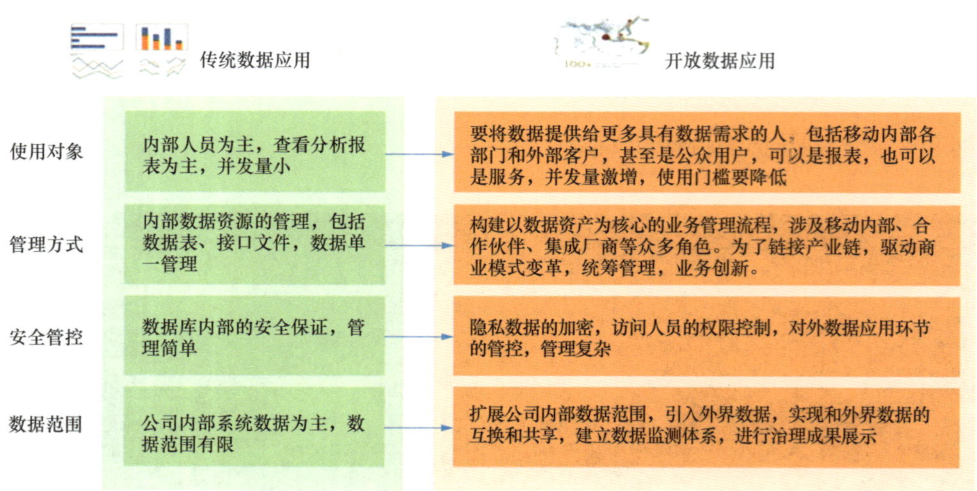


图 8　开放数据应用与传统数据应用的比较

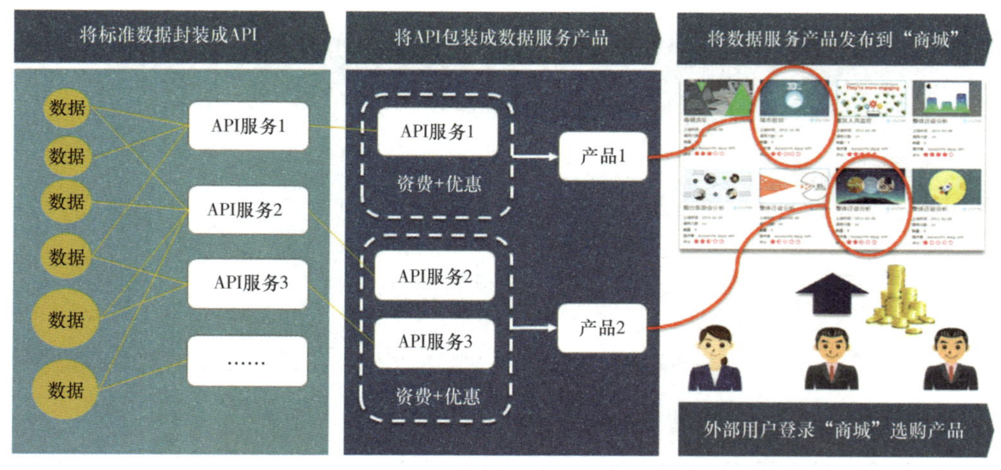


图 9　数据商城构建

## 案例成果

通过近两年的探索和实践，数据管理工作取得了以下成果：

## （一）数据管理效益和规范性明显提升

基于数据技术的数据资产运营管理体系的建立，从数据全生命周期的视角，系统梳理并初步形成了数据资产管理工作的流程和制度，确保了电网企业内的数据工作有章可循；通过数据资产运营管理体系的构建，可为规范指导运营数据管理提供组织制度和流程保障，为有序开展数据治理工作提供有力支撑。经过近年来的应用实施，国网江苏电力制定并发布数据应用仓库、数据质量、数据应用等4项管理细则；初步建立省、地市两级数据资产管理部门与业务部门“三位一体”的数据质量核查整改机制；完善省、地市数据共享应用流程，实现数据集中管理、快速获取和分级应用，确保数据使用安全、有序和规范。经过近三年的数据治理，国网江苏电力业务数据完整率、准确率、一致率分别由2016年的96.73%、96.79%、97.66%提升至2018年的98.86%、99.15%、99.44%，业务数据质量持续稳步提升。

## （二）数据应用效率和数据价值初步显现

国网江苏电力按照数据全生命周期管理思路，本着“实际、实用、实效”的原则，在国家电网公司系统内率先建成首家省级数字化管控系统，打造了数据管理和共享应用基础平台，改变了数据应用的方式，实现省市数据共享和一体化应用，大大提升了数据获取、处理和应用效率，目前该成果正由总部组织在国家电网公司系统内统一推广。在数据处理方面，通过数字化平台的建设应用，每月2TB的数据归集时长由10天缩短为3天，“电网运营分析”应用所需的数据传输、解析至计算完成由56h缩短至9h，全省132亿条电量数据处理时长由 1630h 缩短为 76h。在价值挖掘方面，通过低压用户违约用电数据聚类分析，挽回不少经济损失；通过数据关联分析，推动公司业扩在途工单流程时长缩减 26.5%，物资招标、采购等全流程时长同比下降 24.57%。

## （三）数据资产管理模式具有推广和示范价值

国网江苏电力在国家电网公司系统率先构建以数据技术为视角的数据资产运营管理体系，将电网企业对数据的监测和应用转变为对数据进行全生命周期的主动管控，为常态开展数据管理业务模式做出了突出尝试。2018 年数据资产归集方法、自动报表工具等典型经验得到总部采纳和推广，省、地市数据资源共享解决方案和数字化平台已由总部统一组织在国家电网公司系统推广应用。同时《运营数据资产全生命周期管理模型构建》荣获江苏电力管理创新成果一等奖。《运营数据管理研究及数据标准应用实践》《基于业务体系的数据应用仓库建设探索与实践》等多篇数据管理典型案例入选国家电网公司最佳实践案例。运营数据资产全生命周期管理研究及实践经验，在中国国际经济技术合作核心期刊《企业改革与管理》上刊登。

# 案例思考题

（1）通过本案例，你认为该案例中项目组在运营数据资产管理采用的“理论 + 经验 + 实际”的方法有什么可借鉴之处？

（2）通过本案例，数据治理过程中的相关做法带给你哪些启发？对于增量数据和存量数据的治理，你会如何制定治理策略？

## 案例启示

本案例中，互联网部商务拓展处、数据管理分析处深度配合，以“数据资产梳理、数据治理、数据安全管控”为主线，开展“基于数字化平台的运营数据资产体系和工具”的建设，经过近年来的应用实施，国网江苏电力制定并发布数据应用仓库、数据质量、数据应用等4项管理细则；初步建立省、地市两级数据资产管理部门与业务部门“三位一体”的数据质量核查整改机制；完善省、地市数据共享应用流程，实现数据集中管理、快速获取和分级应用，确保数据使用安全、有序和规范。案例可总结“数据治理三要素”供读者参考。

### 要素一：明确数据治理原则与方法

数据治理遵循“严格控制增量数据，存量数据分级分步治理”的原则；对于增量数据做到数据登记、变更的严格管控，并且统一进行数据建模；对于存量数据，采取重点数据优先治理，次要数据用时治理的原则。通过对两方面数据采用不同的治理策略，逐步改善系统数据质量，最终实现全量数据的标准化。采用“从数据源头管控、对存量数据分步治理、实时质量监控”的方法；新增数据从数据源系统到ETL（Extract-Transform-Load，抽取—转换—加载），采取严格的数据开发管控；存量数据的治理可先进行数据盘点，理清存量数据情况，进一步可分为指标数据和明细数据，从这两个维度进行分别治理，所有的治理操作都遵循严格的数据变更和数据质量管控原则。

## 要素二：推进数据集成贯通

一是制定数据标准规范。开展试点业务域重点数据范围的数据标准体系建设，探索实践数据在正确匹配、编码统一、数据定义和理解一致等方面问题的解决，形成《试点业务域数据标准》。

二是开展数据标准设计。基于数据资产目录，针对数据项进行数据标准化设计，分为业务标准、技术标准、管控标准、安全标准和稽核标准（见图 10）。

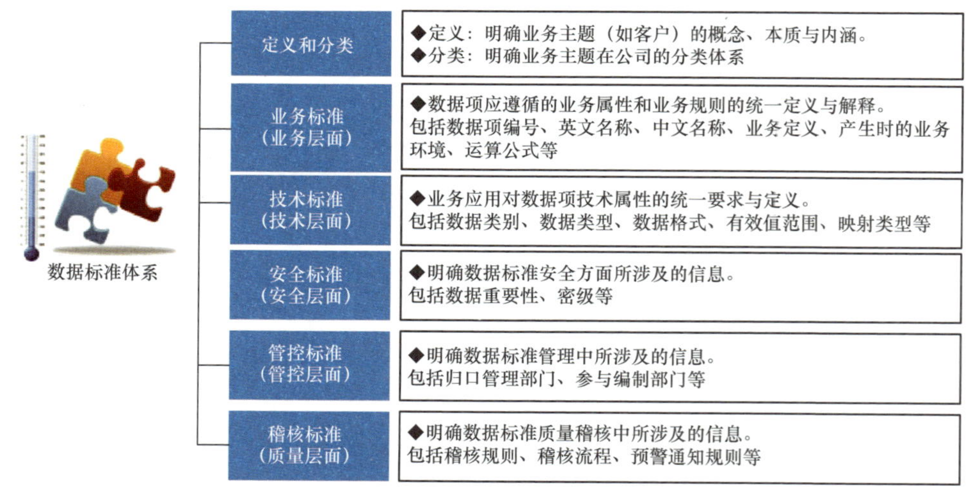


图 10　数据标准体系

三是数据标准落地验证。依据数据标准，基于数字化平台，开展数据标准化治理，解决数据不一致、不融通、无法共享和交换问题，提供数据问题的标准化监控、核查及验证。存量数据标准化治理流程如图 11 所示。

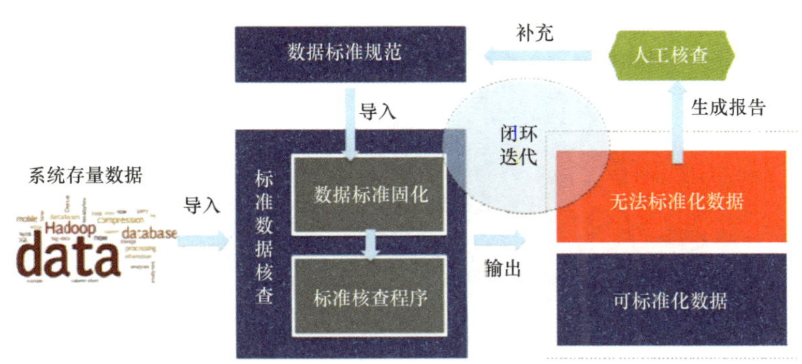


图 11　存量数据标准化治理流程

## 要素三：强化数据全流程质量管控

遵循“严格控制增量数据，存量数据分级分步治理”的原则，采用“从数据源头管控、实时质量监控、认责和追责”的方法，建立规则配置、质量核查、问题分发、问题整改、审核确认 5 步法，开展业务数据从生成到应用的全生命周期统一管理。先后制定了 2868 个数据核查规则，核查范围涉及营销基础数据平台、SG-ERP、电网设备检修（PMS2.0）等 21 个业务系统 2404 个数据项，定期发布《数据质量核查分析报告》。2018 年针对电网设备、预算项目等基础数据，开展台账完整性、跨系统数据匹配性专项整治，累计发现问题 8.42 万条，协同营销、运检等部门整改 7.71 万条，整改率达 91.57%。

# 精细管理求突破　多措并举促提升

## ——基于同期线损系统的线损管理新模式探索与应用

**案例类别：**

管理提质

---

**案例摘要：**

本案例描述了国网江苏省电力有限公司扬州供电分公司（以下简称扬州供电公司）为贯彻落实国家电网公司、国网江苏省电力有限公司（以下简称国网江苏电力）同期线损系统建设要求，加强源端治理，强化跨部门协同，推动系统联动和数据共享，建立以“一体两翼”为理念的“三全四快”线损管理新模式的过程。扬州供电公司进一步深化同期线损系统智能分析应用，推动企业生产经营精益化发展的举措具有示范价值和典型意义。

---

**案例关键词：**

同期线损　线损率　节能降耗　精益管理

## 案例背景

### （一）事件背景

线损率是衡量电网技术经济性的重要指标。国家电网公司 2016 年创新提出开展同期线损管理系统建设，是实现“一强三优”“两个转变”的重大战略举措。在地市公司层面，为贯彻落实国家电网公司“坚持统一领导、分级管理、分工负责、协同合作”的工作要求，扬州供电公司主动谋划，出台了相应的管理办法，深化线损指标治理、技术降损、管理降损、督促考核等工作，取得一定成效。但从实际情况来看，仍存在沟通协调机制需进一步加强、现有工作模式与线损综合性管理要求存在差距等问题，需要在工作模式和管理深度上持续改进和深化。

### （二）人物信息

发展部：归口公司线损管理工作，负责同期线损系统建设的组织、协同、监督和检查工作。部门主任陆某，思维灵活，具有较强组织协调能力。专职李某，工作责任心强，工作经验丰富。

电力调度控制中心：负责 35kV 及以上分压、分线线损及母线平衡指标管理工作。

运维检修部：负责 10kV 分线线损指标管理工作。

配电运检室：具体负责市区 10kV 公用线路线损管理，开展异常线损线路排查治理。

营销部：负责 400V 分压线损、分台区线损管理。

供电所：具体负责该供电所辖区内 400V 台区线损管理，开展线损异常台区排查治理。

## 案例内容

### 异常线损引发的思考

发展部线损专职李工，每天定时查看同期线损系统，实时监测线损指标，发现异常数据后立即电话联络各专业部门。

“你好，配电工区么？今天 10kV 分线日线损比前一天低了 1 个点，麻烦查一下原因。”

“调度吗？今天 ×× 变电站 110kV ×× 线怎么线损达到 20% 啦，赶紧帮忙查一下原因。”

“营销部吗？……”

李工不止一次和部门陆主任抱怨：“同期线损虽然指标在发展部，但几乎所有的工作都需要专业部门来完成，可是专业部门积极性不高，都像这样靠我来督促他们及时消缺，太累啦！”

部门陆主任与李工进行了深入交流，了解了相关情况。

“同期线损指标只是一个工具、一个抓手，光是你一个人积极是没有用的，关键在于发动各个专业部门。”主任说：“专业部门积极性不够，归根到底是由于责任落实不到位”。

受到主任的指导启发，李工立即对公司同期线损规章制度进行梳理，发现原有《同期线损建设管理办法》还是 2017 年制定的，已经不能包含现有各项工作目标和内容了，急需进行修订完善。

## 完善制度保障与职责分工

依据国家电网公司、省公司同期线损管理要求，进一步明确各部门和单位的职责分工，发展部负责公司线损归口管理和分区线损管理；调控中心负责 35kV 及以上分压、分线线损管理、母线平衡管理；营销部负责分台区线损管理；运检部负责 10kV 线损管理。各县公司负责开展好属地范围内的同期线损建设工作。

李工立即组织各专业部门进行会商、讨论，很快公司同期线损管理提升工作方案就正式成稿，并行文发布了。

部门主任还特别提醒到，电话联系只能作为辅助手段，要想实现指标治理的真实、快速提升，各专业部门及基层单位的沟通、交流渠道必须保障。所以工作方案中明确了发展专业牵头的“同期线损周例会”工作机制。

以公司周期线损管理提升工作方案为指导，扬州供电公司线损精益化管理不断推进。

## 夯实基层管理，加强源端治理

协同专业部门开展现状分析，深入梳理各级各类关口、表计台账，充分掌握各级专业业务系统现状。发展部牵头，联合调控中心共核查变电站 170 余座，形成消缺项目 22 个；联合营销部，根据项目组每天梳理的 35kV 以上采集失败高压用户清单，分析高压用户采集失败原因及整改方法，累计处理表计采集缺陷 78000 余条，日表底缺失率由 0.88% 下降至 0.22%。

深化系统运用，提高精益化管理水平。扬州供电公司充分发挥同期线损系统的数据监测功能，深入分析异常指标，推进公司调控专业、运检专业、营销专业和公司信息化水平提升。同期线损系统分压日线损监测功能界面如图 1 所示。

推进电能量系统管理规范化，加强电量数据准确性核查。对同期线损系统中的分区、分压日线损开展分析，及时发现异常关口，再结合电能量系统，分析终端和电能表的配置情况，分析存在问题，组织检修与计量单位至现场消缺。通过该项工作的开展，公司实现母线平衡率保持在 99.7% 以上，每月 1 日零点分区、分压、分线关口采集成功率 100%。

推进配网运维管理精益化，全面理顺线、变、户基础台账。利用同期线损系统 10kV 分线日线损模块，每天对线损异常线路进行分析，并逐条开展

图 1　同期线损系统分压日线损监测功能界面

系统与现场线、变、户关系一致性核查。建立常态维护更新机制，每日对线变、户变关系进行动态核对和维护，对新增线路、配变，配电部门负责在 2 个工作日内更新台账；营销部门与配电部门每月对线变、户变关系进行周期性核对和维护。同期线损系统 10kV 分线日线损监测功能界面如图 2 所示。

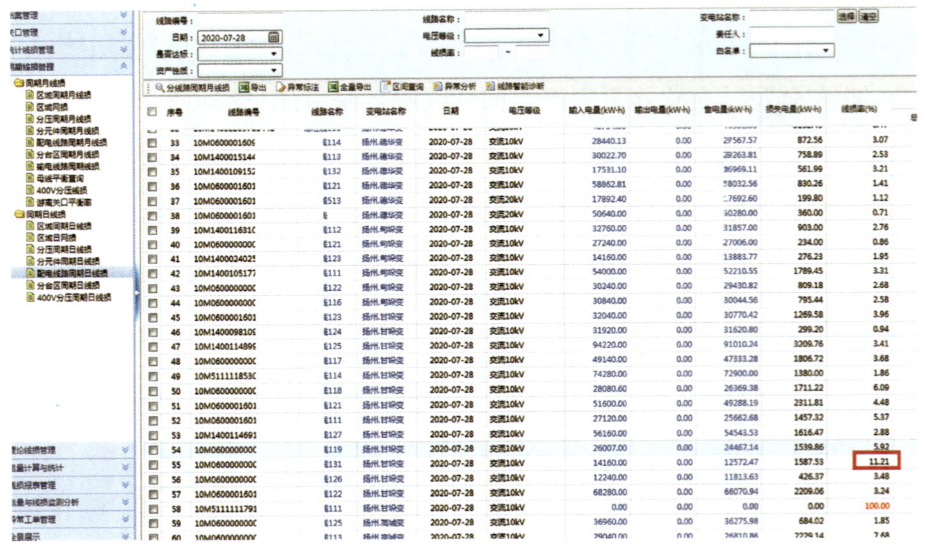

图 2　同期线损系统 10kV 分线日线损监测功能界面

推进营销用电管理多维化，加强异常线损台区立体式诊断。以同期线损系统台区线损为抓手，对公用变压器台区的抄表质量、计量管理等方面进行监督检查。对线损异常的台区逐一排查，从台区现状、运行方式、计量装置、用户信息等方面进行诊断，找出线损异常的问题症结，采取技术改造和提升管理等措施达到降损目标。同期线损系统分台区日线损监测功能界面如图 3 所示。

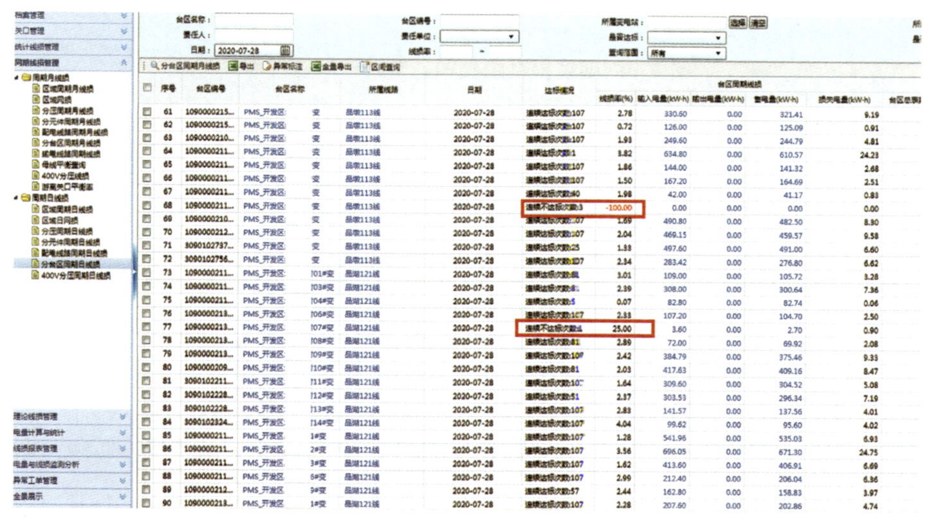

图 3　同期线损系统分台区日线损监测功能界面

推进公司信息化建设水平提升。利用同期线损的表计底码取数功能，实现对电能量系统、用采系统等系统的反向验证。利用同期线损系统中的档案异常统计模块，深入分析配电变压器无对应台区、配电线路起始断路器为空、台区找不到计量点等问题，检查 OMS、D5000、PMS、GIS、用电信息采集、营销管理等源端系统，全面提升各类系统的建设质量，提高公司整体的信息化管理水平。同期线损系统档案异常统计功能界面如图 4 所示。

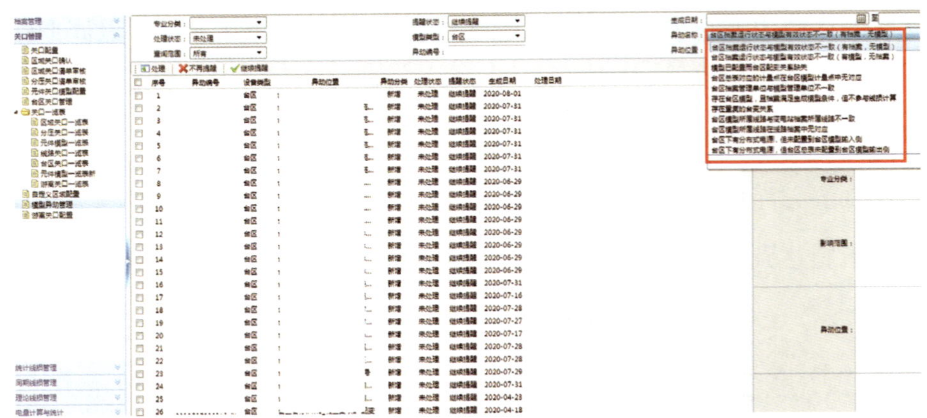

图 4　同期线损系统档案异常统计功能界面

## 同期线损系统建设初见成效，任重道远

在各专业部门共同努力下，扬州供电公司同期线损各项指标快速提升，分线、分台区日线损达标率均较前一年提升 10% 以上，高损线路、台区占比均低于 0.3%。但是又遇到了新的问题。

在一次与基层单位员工关于线损工作的交流会议上，某供电所台区经理小王："我这个台区，前两个月线损还正常，怎么这个月线损突然上升这么多啊？"发展部线损专职李工："我来查一下同期线损系统，你的这个台区，是从这个月 10 号开始高损的，对比之前，每天少了几百度电，你们抓紧去现场看看，是不是有窃电？"第二天，台区经理小王打来电话："真厉害！同期线损系统太厉害啦，我还以为仅仅是一个数据治理平台呢！"

同期线损系统建设初期，主要是以基础数据治理为主，但目前，系统建设已经取得一定成效，如何充分发挥系统监督功能、促进各相关专业基础管理水平提升，才是下一步工作的重点。

部门陆主任提出明确要求，"下阶段，要不断创新和深化数据分析，充分挖掘同期数据在生产经营计划管控、用户窃电查处辅助支撑等方面的价值，提升同期线损管理支撑能力和实用化水平。”

经过发展部与各专业部门、基层单位工作会商，并积极向国网江苏电力汇报争取，国网江苏电力同期线损在生产经营计划管控、用户窃电查处辅助支撑等两个方面深化应用研究的重点课题正式落户扬州供电公司。

## 案例成果

经过一年多的探索和实践，扬州供电公司建立、完善了以“一体两翼”为理念的“三全四快”线损管理新模式（见图 5）。

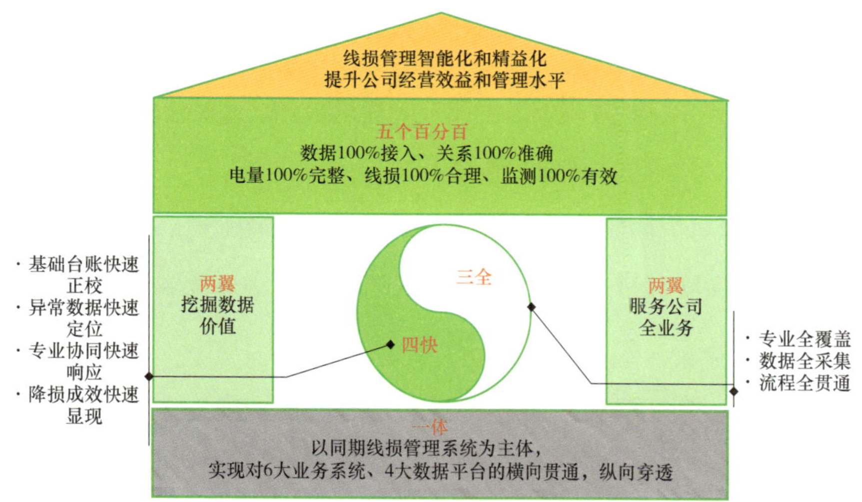


图 5　线损管理新模式示意图

“一体两翼”是指以同期线损管理系统建设实施为主体，以挖掘数据价值、服务公司全业务为两翼的总体布局，推动公司向现代综合能源服务企业转型。

“三全”是指“专业全覆盖、数据全采集、流程全贯通”。其中，“专业全覆盖”指纵向贯穿至供电所，横向协同发展、运检、营销、调度四大专业；

“数据全采集”指以国家电网公司“五个百分百”为目标，确保基础数据的完整性、及时性和准确性；“流程全贯通”指同期系统全面融合各专业部门业务系统。

“四快”是指依托同期线损管理系统建设实施和深化应用，对传统线损管理流程优化再造，实现基础台账快速校正、异常数据快速定位、专业协同快速响应、降损成效快速显现。实现“四快”，首先要做到“四强”。

### 1. 强治理，台账数据快速校正

以负损、高损治理为切入点，创新建设配网线损精益化管理分析系统，结合线路巡视、电缆探测等手段，确保 PMS 配电变压器挂接与现场一致。

### 2. 强管理，专业协同快速响应

坚持“指标部门专业管控，线损问题源头治理”原则，构建“常态监测 - 异常研判 - 派发工单 - 处置反馈”的闭环管理机制，以过程管理实现结果管理。

### 3. 强监测，异常数据快速定位

按日开展同期指标监测，创新建立“D5000 与电能量双系统协同分析机制”“中低压线损联合研判协同机制”，快速定位源端系统表底缺失及表底倒走等问题。

### 4. 强分析，降损成效快速显现

创造性运用动态监测与预警等方法，开展台区异常线损分析，排除设备及数据传输等客观因素。拧紧“跑冒滴漏”的“阀门”，减少管理因素造成的电能损失，提高企业经营效益。

## 案例思考题

（1）同期线损系统建设与应用均以指标为抓手，为提高基层单位员工工作热情及积极性，如何进一步增强绩效等激励手段？

（2）同期系统集成有分区域、分电压到户的日电量数据，数据完整性、准确性均较高，为了进一步推进同期线损管理系统深化应用，如何基于现有同期线损系统中产生的大量数据以及其参数、特征，深入提炼数据价值？

## 案例启示

线损管理智能化和精益化有利于提升经营效益和管理水平，扬州供电公司精细管理，多措并举探索并应用线损管理新模式，完善制度保障和职责分工，夯实基础管理，加强源端治理，深化系统运用，推进规划管理等，逐步建立完善以“一体两翼”为理念的“三全四快”线损管理模式。本案例基于线损管理新模式探索与应用实践总结“四步工作法”（见图6）以及创新应用成果，供读者借鉴和参考。

图6　四步工作法

### （一）工作方法总结

#### 1. 健全保障体系

制定了《扬州供电公司同期线损系统建设管理办法》《扬州供电公司2020年同期线损管理提升方案》等规章制度，明确各部门职责分工，提高线损管理效率。

2. 规范治理机制

坚持“指标部门专业管控，线损问题源头治理”原则，构建“常态监测—异常研判—派发工单—处置反馈”的闭环管理机制，以过程管理实现结果管理，在日常工作环节中落实数据规范性要求。

3. 完善考核激励

建立“月度分析、季度考核、年度挂钩、两级奖惩”的考核激励机制。充分发挥专业部门管理的主体作用，确保同期指标监测工作的持续开展。并且通过在基层单位进行指标任务分解考核，督促源端数据迅速治理，形成互比、争先的良好氛围。

4. 强化队伍建设

试行市、县公司岗位互备机制，组建线损专家团队。开展“专业部门、基层单位”两级培训。

## （二）创新应用成果

在狠抓异常线损治理的同时，从 2020 年 5 月份开始，扬州供电公司在全省率先开展同期线损数据价值挖掘应用。在新冠疫情暴发、国际贸易摩擦不断的宏观环境下，经济面临前所未有的下行压力，针对电量预测难度进一步提升等问题，扬州供电公司利用同期线损系统中的高压用户档案、行业分类、电量等信息，创新建立分层分压短期电量预测法。

（1）围绕同期线损系统中分区、分压数据，实时监测高压用户日电量，及时发现用户电量及行业用电量突变，依据异动情况给出相应异动监测分级预警标准，提前预判重点用户用电变化。

（2）对于春节、劳动节、元旦等重要节假日前后日用电量数据，从分电压等级、分行业等不同层面开展分析研究，总结周期性规律，推测未来趋势。

（3）灵活运用同期线损系统中分压线损计算中的各项参数，将各类电量影响因素拆分至各电压等级开展单独分析，对不同电压等级下不同因素的影响因素根据重要性赋权。

运用新方法开展区域内售电量预测，连续三个月预测偏差率均能控制在2% 以内，有效提升了电量预测准确率，为掌握电力市场走势，科学开展经营决策提供支撑。

# 创新融合辟路径　固本强基促管理

## ——检修公司多维度、全流程管控资产数据质量

**所属类别：**

管理提质

---

**案例摘要：**

本案例描述了国网江苏省电力有限公司检修分公司（以下简称检修公司）多年来持续、深入推进资产数据全流程管理，针对不同投资模式、投资主体的资产建立与之对应的管理模式，多路径实现资产数据的源头管控。检修公司配合电价成本监审对有效资产日益严格的界定要求，以跨单位协作、专业协同与手段融合为突破，借助强大信息工具与网络技术，优化流程、建立规则、典型测试、专项清查，在主网架高电压资产管理上取得了良好成效。随着资产精益化管理理念深入宣贯，资产数据质量和核心业绩指标大幅提升，管理方式与手段进一步优化创新，管理人员专业技能与综合素质提高，长效管理思路与质量管控模式逐步明晰并固化。检修公司在资产精益化管理方面的经验和应用成果，在电价成本监管要求的变化与趋势下，对保障资产管理的科学性和有效性，防范经营管理风险具有丰富的参考和实用价值。

---

**案例关键词：**

资产　全流程　融合　精益化

## 案例背景

### （一）事件背景

2011 年 5 月，检修公司在国家电网公司“五大”体系试点建设中应运而生，成为国网江苏省电力有限公司（以下简称国网江苏电力）的二级机构，以“更集约、更专业、更扁平”为导向，肩负起对江苏电网 220kV 及以上输电线路和变电站检修运维的重任，改变了以往主网架地域管理为主的传统管理模式。检修公司成立之初运维资产规模约占国网江苏电力固定资产总值的 1/3 强。2018 年 8 月，220kV 输变电运检模式优化调整后公司承担江苏电网 500kV 及以上输电线路和变电站运维检修管理的重任。目前，公司下辖 13 个运维站，遍及全省 13 个地市，实际运维、检修的固定资产占省公司固定资产总值约 22%。

检修公司在组建后不仅接收大量存量资产，新增资产亦是急剧增加，资产管理的问题逐渐呈现并日益突出，资产业务面广量大、投资模式及投资主体情况复杂、部分交叉职责界面模糊、业务流程节点衔接不畅、财务业务协同困难、地区及人员个体管理水平参差不齐，诸多问题直接体现在资产数据的增资规范性、价值合理性、信息完整性、系统联动准确性、账卡物一致性、典型管理流程等方面，资产管理水平亟待提升。

如何梳理解决存量资产的历史遗留问题，新增新投运变电站如何从业务源头规范资产管理，如何理顺并建立与咨询公司的联动机制确保增资准确性、合理性等诸多亟待解决的问题摆在面前。顺应生产管理模式向“集约化、扁平化、专业化”的转变，原有传统资产管理的理念、思路与手段越显力不从心，已难以适应大势所趋的流程型业务处理方式，如何有效运用飞速发展的网络信息技术辅助发挥资产管理职能，如何实现从全局兼顾高负荷运维检修任务的同时应对大体量资产的管理任务成为解决资产管理问题，实现资产精益化管理的重点。

### （二）人物信息

财务资产部：资产价值管理的主管部门。部门主任潘某，项目负责人，拥有丰富的财务管理经验，思路明晰，属于授权型领导类型。资产专职小徐，项目实施人，拥有业务岗位和财务岗位的双重经历。

运维检修部：电网资产实物管理的主管部门。部门主任张某，拥有电网运维检修的管理经验。部门资产管理专职小张，熟悉掌握电网各类资产性能。

变电站：电网资产的使用保管单位。

## 案例内容

### 变电站实物资产清查遍布全省，怎么办?

资产专职小徐初上岗时，正好碰上了变电站实物资产清查工作，刚刚接触就面临很大的工作量和诸多困难。比如检修公司管辖的 500kV 以上变电站遍及全省范围，而 500kV 以上变电站的位置一般都比较偏远，公共交通不便。一般情况下，实地盘点一个变电站要两天，回来整理资料需要 1~2 天，再算上往返路上的时间，往往一个位置较偏的变电站，全部盘点完成需要一周的时间。

为此，小徐将基本情况向财务部主任潘主任汇报。经过仔细地分析和讨论，为增强实物资产清查盘点的力量，充分调动片区财务人员的积极性，检修公司制定了按照全省四个片区分工（南京片区、苏州片区、无锡片区以及淮安片区），实行一个财务人员 + 一个运维人员的两人小队机动搭配的工作方式。针对公司现有管理的所有变电站实物资产盘点清查均采用现场核查方式的现状，工作人员在变电站实物资产清查工作实施过程中对清查方法进行了积极思考与大胆尝试。

资产盘点流程如图 1 所示。

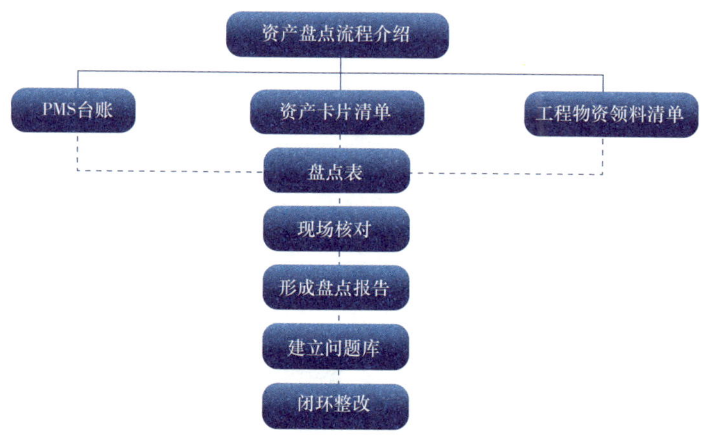


**图 1　资产盘点流程**

第一阶段是试点调研，摸索清查路径。小徐联合运维检修部实物资产专职小张，选取了当时新投运的宿迁地区 500kV 钟吾变电站为试点。他们将系统数据与现场盘点相结合，尝试、评估各种方法的优缺点，选定了以 PMS2.0 系统数据为基础，结合 ERP 资产卡片清单形成实物资产盘点表，依据盘点表进行现场实物比对为主的盘点思路。

然后按投运时间倒排盘点计划，组织开展实物盘点。对各变电站资产设备对应率、资产卡片信息质量、增资规范性、资产报废规范性逐一核查，对价值合理区间、台账数据逻辑结构等多方面进行拓展剖析。图 2 为工作人员正在进行实物资产盘点。

图 2　工作人员正在进行实物资产盘点

接着实施整改闭环，对应核查报告建立问题库，定期召开问题讨论会，采用跟踪销号，逐个落实整改，并刷新整改进度。资产盘点报告和资产盘点清单如图 3 所示。

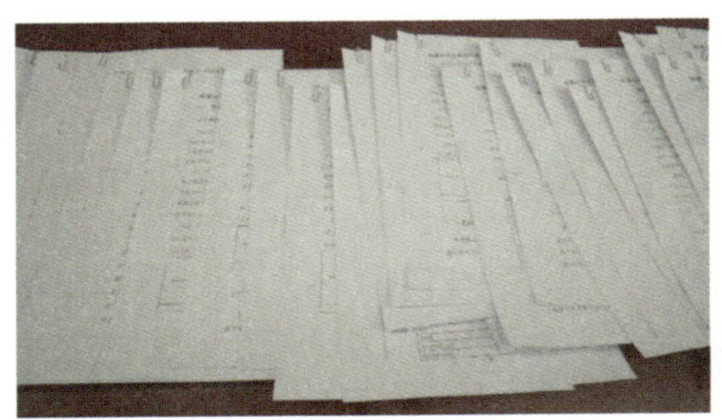

图 3　资产盘点报告和资产盘点清单

最后协调汇报，拟定解决方案。对治理中暴露出的资产管理方面的普遍性问题、系统运用问题和个体问题进行梳理，通过多种途径汇报、征求意见并积极寻求解决方案，并总结经验，优化盘点方式，同时引入风险评估手段，结合数据测试排定高风险区域，加以重点核查，建立符合工作实际情况的常态管理机制。

## 新增资产大多来自兄弟单位，怎么办？

变电站盘点完成后，小徐原以为具体工作可以告一段落。但是在实践中发现，虽然管好了存量资产，但新增资产的数据信息如果有问题的话，资产盘点的工作成效就一直无法巩固。小徐在梳理新增资产时发现，大部分的新增均由国网江苏省电力有限公司建设分公司（以下简称建设公司）增资而来。跨单位跨利润中心的增资，由于两个单位不同的管理文化和管理要求，导致增资流程中也存在着一定的问题。为此，小徐把增资过程中出现的常见问题做了总结和分类，并带着问题与潘主任进行了讨论。跨利润中心增资流程如图 4 所示。

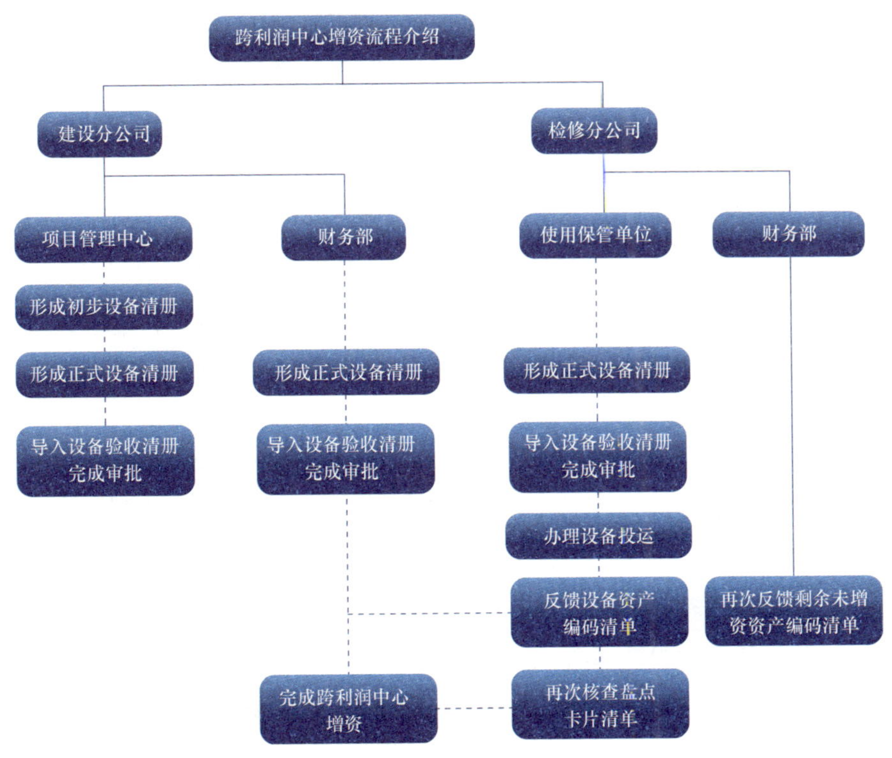


图 4 跨利润中心增资流程

潘主任指出，如果要从根本上解决这个问题，就需要请省公司以及兄弟单位一起推进，建立标准，畅通流程，打破单位间的信息壁垒和管理壁垒。

为此，潘主任与省公司和建设公司积极沟通，定期召开省公司财务部资产专职、检修公司和建设公司财务部分管主任和资产专职等一起参加的跨利润中心增资协调会。每次开会的主题也很简单，总结这段时间增资存在的问题，深入分析产生的原因和解决措施，制定相关措施和解决方法。

为了打破跨单位的管理壁垒，检修公司做了很多的努力和尝试。一是定期清理零值卡片。主要解决日常未能在工程投运后及时办理增资的问题。公司财务部每月会同运检部核实零值卡片的工程项目来源，通过向建设公司提供划分地区、项目、变电站信息后的资产卡片编码实现跨利润中心增资。二是不断协调、推动工程投运增资全过程良性运转。主要解决源头规范增资及时性、准确性与完整性的问题。财务部部门主任协调，联合建设公司召开协调会，就设备投运增资的过程问题、流程规范、改进方向及建立长效沟通机制等作深度分析、反复交流与持续完善，对内会同业务部门加强对运维站的业务规范宣贯和要求，使其逐步接受、使用、适应通过建立 PMS 台账并进行资产同步的方式建立资产卡片。三是配合省公司助力实现辅助增资，通过试点尝试、结果分析、个案总结，借助“账、卡、物”联动机制的建立配合建设分公司共同推动基建项目增资自动化。

## 500kV 资产建卡规范与现行规范不一样，怎么办？

小徐在变电站实物盘点时，经常听到运维站实物资产专职抱怨，现行使用的建卡规范有些条款不适用 500kV 及以上电压等级资产。因为目前江苏省通行的建卡规范是根据 220kV 及以下电压等级典型变电站资产情况设计的，而 500kV 及以上电压等级输变电设备在设备种类、资产维度等方面均与低电压等级的设备存在差异。

小徐将这个问题也告诉了潘主任，潘主任联系运检部张主任，提出了联合修订 500kV 及以上输变电设备建卡规范的建议，两位主任一拍即合。

于是，财务部和运检部两个部门联合抽调资产管理骨干，现场考察、梳理各资产设备类型及项目、资产管理情况，选取南京地区 500kV 东善桥变电站为试点，对变电站内一次、二次设备情况全面梳理，摸清 500kV 变电站设备种类情况。500kV 东善桥变电站的资产管理基础工作较为扎实，数据信息质量高，为试点打下了基础。在调研的基础上，补充完善 PMS 建卡规范，根据前期梳理的 500kV 变电站设备种类情况，筛选与 220kV 及以下输变电设备的差异部分，逐条分析对资产管理及项目管理方面的影响，补充完善 500kV 部分输变电设备建卡规范，最终形成了一次图版建卡规范。为便于完善后的建卡规范的应用，公司选取较为直观的变电站一次图作为基础，将建卡规范一一对应至一次图中相应设备旁，便于项目管理人员编制清册及运行人员录入台账，提升新版建卡规范的实用性，强化资产管理质量。500kV 资产建卡细则如图 5 所示。

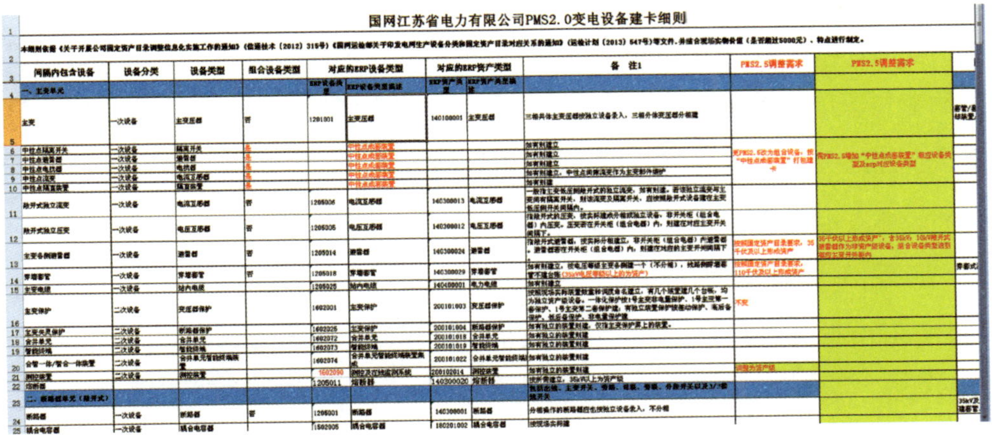

国网江苏省电力有限公司PMS2.0变电设备建卡细则

本细则依据《关于开展公司固定资产目录调整信息化实施工作的通知》（信通技术〔2012〕315号）《国网运检部关于印发电网生产设备分类和固定资产目录对应关系的通知》（运检计划〔2013〕547号）等文件，并结合现场实物价值（是否超过5000元），特点进行制定。

| 间隔内包含设备 | 设备分类 | 设备类型 | 组合设备类型 | 对应的ERP设备类型 | | 对应的ERP资产类型 | | 备 注1 | PMS2.5调整需求 | PMS2.5调整需求 | [illegible] |
|---|---|---|---|---|---|---|---|---|---|---|---|
| | | | | ERP设备类型 | ERP设备类型描述 | ERP资产类型 | ERP资产类型描述 | | | | |
| 一、主变单元 | | | | | | | | | | | |
| 主变 | 一次设备 | 主变压器 | 否 | 1201001 | 主变压器 | 140100001 | 主变压器 | 三相共体主变压器按独立设备录入，三相分体变压器分相建 | | | [illegible] |
| 中性点隔离开关 | 一次设备 | 隔离开关 | 是 | | 中性点成套装置 | | | 如有则建立 | 需PMS2.6改为组合设备，按"中性点成套装置"打包建卡 | 需PMS2.5增加"中性点成套装置"相应设备类型及erp对应设备类型 | |
| 中性点避雷器 | 一次设备 | 避雷器 | 是 | | 中性点成套装置 | | | 如有则建立 | | | |
| 中性点电抗器 | 一次设备 | 电抗器 | 是 | | 中性点成套装置 | | | 如有则建立 | | | |
| 中性点流变 | 一次设备 | 电流互感器 | 是 | | 中性点成套装置 | | | 如有则建立，中性点间隙流变作为主变部件维护 | | | |
| 中性点隔直装置 | 一次设备 | 隔直装置 | 是 | | 中性点成套装置 | | | 如有则建 | | | |
| 敞开式独立流变 | 一次设备 | 电流互感器 | 否 | 1205006 | 电流互感器 | 140300013 | 电流互感器 | 一般指主变低压侧敞开式的独立流变，如有则建。若该独立流变与主变间有隔离开关，则该流变及隔离开关，应按照敞开式设备建在主变低压侧开关间隔内。 | | | |
| 敞开式独立压变 | 一次设备 | 电压互感器 | 否 | 1205005 | 电压互感器 | 140300012 | 电压互感器 | 指敞开式的压变，按实际建成分相或独立设备，非开关柜（组合电器）内压变。压变若在开关柜（组合电器）内，则建在对应主变开关间隔下。 | | | |
| 主变各侧避雷器 | 一次设备 | 避雷器 | 否 | 1205014 | 避雷器 | 140300024 | 避雷器 | 指敞开式避雷器，按实际分相建立，非开关柜（组合电器）内避雷器。避雷器若在开关柜（组合电器）内，则建在对应的主变开关间隔下。 | 按照固定资产目录要求，35千伏及以上形成资产 | 35千伏以上形成资产"，含35kV，10kV敞开式避雷器作为非资产级设备，组合设备类型选到相应主变开关柜内 | |
| 穿墙套管 | 一次设备 | 穿墙套管 | 否 | 1205018 | 穿墙套管 | 140300029 | 穿墙套管 | 如有则建立，按电压等级主变各侧建一个（不分相），线路侧穿墙套管不建台账（35kV电压等级以上的为资产） | 按照固定资产目录要求，110千伏及以上形成资产 | | 穿墙式[illegible] |
| 主变电缆 | 一次设备 | 站内电缆 | | 1205025 | 站内电缆 | 140400001 | 电力电缆 | 如有则建立 | | | |
| 主变保护 | 二次设备 | 变压器保护 | | 1602001 | 主变保护 | 200101003 | 变压器保护 | 按照现场实际装置数量和调度命名建立，有几个装置建几个台账，均为独立资产级设备。一体化保护按1号主变非电量保护、1号主变第一套保护、1号主变第二套保护建；有独立装置保护按差动保护、高后备保护、低后备保护、非电量保护建 | 不变 | | |
| 主变失灵保护 | 二次设备 | 断路器保护 | | 1602026 | 主变保护 | 200101004 | 断路器保护 | 如有独立的装置则建。仅指主变保护屏上的装置。 | | | |
| 合并单元 | 二次设备 | 合并单元 | | 1602072 | 合并单元 | 200101018 | 合并单元 | 如有独立的装置则建 | | | |
| 智能终端 | 二次设备 | 智能终端 | | 1602073 | 智能终端 | 200101019 | 智能终端 | 如有独立的装置则建 | | | |
| 合智一体/智合一体装置 | 二次设备 | 合并单元智能终端装置 | | 1602074 | 合并单元智能终端装置集成 | 200101022 | 合并单元智能终端[illegible] | 如有独立的装置则建 | | | |
| 测控装置 | 二次设备 | 测控装置 | | 1602090 | 测控及在线监测系统 | 200102014 | 测控装置 | 如有独立的装置则建 | 调整为资产级 | | |
| 熔断器 | | | | 1205011 | 熔断器 | 140300020 | 熔断器 | 按所需建立，35kV以上为资产级 | | | |
| 二、断路器单元（敞开式） | | | | | | | | 包括出线、主变开关、旁路、母联、分段、分段开关以及3/2接线开关 | | | |
| 断路器 | 一次设备 | 断路器 | 否 | 1205001 | 断路器 | 140300001 | 断路器 | 分相操作的断路器应也按独立设备录入，不分相 | | | 35kV及[illegible] |
| 耦合电容器 | 一次设备 | 耦合电容器 | | 1502005 | 耦合电容器 | 180201002 | 耦合电容器 | 按现场实际建 | | | |

图 5　500kV 资产建卡细则

## 援建外省的资产管理，怎么办?

小徐在负责资产岗以前，和很多人一样都以为检修公司管辖着江苏省500kV及以上电压等级的资产。成为资产专职后，小徐才发现检修公司管辖的范围远远不止江苏省这么大，公司还管理着新疆、青海、甘肃等外省的援建资产。这些省份离江苏省路途遥远，如何能够克服物理上的距离，让资产管理的要求和理念可以快速地传达到对方运维的单位呢?援建资产管理面临着资产距离远、实物管理和价值管理归属不同公司等困难，资产信息如何完善、实物资产如何管理追踪等均没有先例可供参考。

为此，潘主任带着小徐以公司业务实际为基础，总结公司资产管理的历年经验，优化完善了针对援建项目的增资、价值管理、涉税配套管理对接流程。

从增资操作中找准难点所在。在尝试中归纳分析问题，兼顾考虑各方实际，准确统计归纳援建项目投资计划，保证省公司划拨项目造价当月完成增资，完善资产卡片的合规性，强化建卡及时性，提升增资准确性。

科学订立可行措施。在问题分析的基础上，拟定了由检修公司将已创建资产卡片清单传至建设单位，由建设单位在移交清册中完成资产明细价值与资产卡片的关联对应，其后再行系统增资的方案。

清晰界定税费缴纳与保险处理的职责界面。援建项目所有新建变电站的房产税采用“属地运维公司缴纳，江苏检修公司结算”的模式，并形成标准的跨区域保险案件理赔流程，能够及时完成保险案件的闭环管理，提高保险理赔效率。

形成动态多方沟通机制。在国网江苏电力的协调帮助下，与建设单位保持直接、密切沟通，明确操作细节，使流程落地、固化，确保工作质量。

## 案例成果

检修公司在资产管理工作中有尝试、有进步、有创新、有成效，摸索了提高工作效率和效果的方法，积累了丰富的实践经验，解决了诸多历史遗留问题，开拓了资产管理思路与视角，取得了良好的管理效果。

### （一）资产精益化管理理念大幅加强

在大力推动资产全寿命周期体系建设，“账、卡、物”联动机制建立，全面资产数据治理的过程中，同步宣贯了资产精益化管理的理念，强调资产是物流、信息流、价值流“三流合一”的高度集约管理，更加侧重从资产分段管理向融合管理、从职能管理向流程管理的转变，不同管理层面、不同专业区域对资产精益管理的理念有了更深入、更全面的认识，资产管理质量的重要性、必要性、紧迫性得到了广泛的认同与关注。

### （二）资产数据质量有效提升

资产盘点发现的问题整改成效明显。按照公司地毯式盘点计划，已完成公司管辖变电站的现场核查工作。与咨询公司“账、卡、物”联动机制基本建立。确定了包括设备验收清册双向复核、垃圾数据筛除、定期沟通、设备投运后资产编码信息定向反馈、结合竣工决算编制现场盘点确认资产完整性等环节在内的较为完整的跨利润中心增资流程，明确了两单位在各衔接环节的职责界面划分，并付诸实施。配合完成公司账面价值不合理及零值卡片问题整改，问题卡片数量大幅减少。固定资产报废业务处理周期明显压缩。

## （三）业财协同意识与能力不断加强

在资产数据专项治理和资产管理线条与模式逐步优化明晰的过程中，资产管理顺应业务流程的走向，坚持源头治理、信息共享、专业协同、部门协作、全局应对的思路，由公司财务资产部、运维检修部，各运维站运维人员、PMS 台账维护人员、资产实物管理人员、财务人员等共同参与、共同推动、联合监督。一方面通过不断优化日益强大的信息管理平台和技术应用手段，为资产管理搭建了跨部门的流程运作环境，提供了业财联动、多向协同的硬件条件。另一方面通过多部门、多专业、多岗位在治理时期的广泛业务接触和磨合，使业财协同从管理理念层面、制度建设层面逐步走入调整调试、应用实践层面，从被动抵触到适应接受，从各自为战到交流沟通，逐渐在实际工作协作中形成了对业务操作分工处理的默契，协同意识与能力不断加强，有效改善了专业条块之间分块而治、互相独立、互不干涉、互不通气的局面。

## （四）岗位人员专业技能得到提高

行为心理学认为，规则的建立与执行可以有效地改变和提升人的行为意识，而岗位人员的素质又是影响工作结果、质量、效率的重要因素。在实际工作中，往往体现为由于人员综合素质、岗位胜任能力、责任意识参差不齐造成工作效果因人而异的特点和局限性。资产数据治理工作不仅关注成效、成果，同样关注对岗位人员业务技能与综合能力的锻炼与提升，它是一种资产管理的方式、是各种具体业务工作的集合，更是一次对业务人员、管理人员的实战培训、岗位练兵。通过劳动竞赛的方式充分发挥优秀个人、业务精英的示范带动作用，切实提高了岗位参与人员的系统应用技能，强化其责任意识，增强沟通协调、计划总结、统计分析及文字能力，对提升资产管理水平起到了积极的促进作用。

## 案例思考题

（1）通过本案例，你认为如何加强电网的资产管理工作？

（2）通过本案例，潘主任团队的做法带给你哪些启发？面对资产管理涉及多个单位和多个部门的协调沟通，你会如何开展相关工作？

## 案例启示

电网实物资产是电网企业的核心资产。加强全员资产管理理念养成，强化员工主动参与意识，建立资产管理体系常态运转机制，使得资产管理体系在公司全覆盖，是资产管理任重道远的目标和任务。

资产精益化管理对检修公司这种资产巨无霸体量的公司来说，没有先进的工作方法，仅靠认真的态度是无法完成的，建立统一合理的标准和流程是提高工作效率的关键。如此大的资产量，必须要有统一的增资路径和要求，必须要有畅通的资产报废流程。这样，资产的价值才能正常地流动和体现。资产管理提升的过程，也正是公司不断优化资产管理的要求、标准和流程的过程。

在本案例中，检修公司面临从存量资产管理到新增资产管理的各项挑战，在解决地域广、单位多、规范不统一等各类问题时，检修公司用到了“业财融合、联合互动、建立标准、试点推行”的四项关键举措。

业财融合：深化业务专业和财务专业的协同合作，在工作中，加深对业务操作分工处理的默契，协同能力和融合程度不断加强。

联合互动：加强与有业务关系的兄弟单位的沟通和协作，建立起长期、稳定和有效的沟通机制，及时发现问题，查找原因，并通过协调解决。

建立标准：根据公司业务实际，建立起适合于公司资产管理的流程和标准。并根据工作中出现的问题，及时地修正和完善。

试点推行：资产管理的方案从试点到推行，每一个步骤都非常重要。做好试点是方案推行的开始。试点的选择应该综合公司各方面的考量，选择要具有代表性。

# 05 能源服务篇

PART 5

# 服务领导决策　输出企业价值

## ——“智库云”信息情报体系建设与“芯片之城”组稿案例

**所属类别：**

能源服务

---

**案例摘要：**

本案例描述事件为国网江苏省电力有限公司（以下简称国网江苏电力）建立健全并高效运转特有的企业信息“智库云”情报体系，公司办公室组织各相关专业和单位深入开展调查、研究和分析，形成高价值的信息情报产品，为企业负责人科学决策提供信息情报保障的过程。在中美贸易摩擦、国家部署芯片产业发展的背景下，捕捉电网企业服务国家“芯片之城”建设的重大信息情报点，组织编写出国家电网专报第 3020 期《国家电网服务江苏建设国家级“芯片之城”》，得到党和国家领导人批示肯定，有力输出企业价值，有效彰显国网品牌。

---

**案例关键词：**

智库云　信息情报　分析网络　感知网络　项目化管理

## 案例背景

### （一）背景信息

芯片产业作为“中国制造 2025”新一代信息产业技术领域的核心，是支撑经济社会发展、保障国家安全的战略性、基础性和先导性产业。由于芯片制造工艺复杂、能耗巨大，对电能质量和供电可靠性要求极高，一旦电网波动或者供电中断，将会造成产品报废甚至生产线停产，重启耗资巨大。2017 年中国台湾地区“8·15”大停电，为保障芯片企业用电，中国台湾电力公司紧急施行分区轮流限电，受影响用户高达 668 万，影响人口 2000 万人，造成直接经济损失 150 亿新台币（约合人民币 33 亿元）。2018 年，美国政府单方面挑起贸易摩擦，芯片产业首当其冲。国网江苏电力通过台湾大停电事件和中美贸易争端对芯片产业的影响，反思“中国芯”自主发展存在的痛点，以“国家电网保障芯片企业电力供应”为切入口，迅速启动信息情报协同工作机制，最终形成国家电网专报第 3020 期《国家电网服务江苏建设国家级“芯片之城”》。

### （二）人物信息

办公室：信息情报工作主管部门，由董事长、党委书记肖世杰直管。副主任朱进，项目负责人，经验丰富，思维活跃，属于授权型领导类型。秘书研究处处长张飚，项目组织人，多年从事秘书工作，具有很强的组织协调能力。秘书研究处五级职员韩向荣，项目实施人，信息工作负责人，多次荣获国家电网公司年度信息工作先进个人，具有很强的信息情报分析、编辑能力。

## 案例内容

### （一）一则消息引发的头脑风暴

某日，国网江苏电力 27 楼会议室，由办公室组织省公司相关部门、国网江苏省电力有限公司南京供电分公司（以下简称南京供电公司）、社会专家学者，正在进行一场专题会商。发言主要围绕一则消息：2018 年 3 月 22 日，美国总统特朗普签署备忘录，将对约 500 亿 ~600 亿美元的中国产品征收关税，其中包括航天航空、信息通信、机械等 1300 个品类的中国商品加收 25% 的关税。会议已经过去 1 个小时了，仍是干货满满，气氛热烈。

“芯片企业正处在风口浪尖，芯片企业用电方面有哪些特殊需求？面临哪些问题？我们如何服务的？”办公室负责人直接抛出问题。

“根据我们客户经理和华为、中兴等企业的接触，他们最关心的就是电力可靠性，电能质量能不能满足要求。他们的数据中心及实验室都是 24h 运行，希望保证供电不中断。”南京供电公司负责人第一个抛出了自己的想法。

“芯片企业对地区电网结构和用能压力提出了很高要求，比如华为，对线路的接入方式有特殊的需求。我们会分析不同企业需求，采取 220kV 专线供电、环网柜就近接入、双电源双回路等方式，保障高可靠的电力供应。”营销部负责人说道。

“最近，我们正在芯片产业园区试点运行动态无功调节设备，利用无功柔性控制技术抑制电压波形突变，确保电压平滑稳定，效果不错。”运检部负责人补充道。

“大家说得都很对。我们这次专报就是要向上级反映问题、提出解决方案。要建立在充分调研的基础上，写出来的东西才有理有据。”办公室负责人总结道。

“南京芯片企业众多，尤其是世界半导体产业巨头都集聚江北新区，国家级‘芯片之城’已经初具规模。我们南京供电公司申请去调研。”南京供电公司负责人主动请缨。

会商结束后，国网江苏电力坚持大调研、服务不停步。一方面，发挥信息情报工作网络作用，组织走访政府和相关企业，及时掌握、了解他们的需求，为专报搜集素材；另一方面，继续做好供电安全、质量及配套服务保障，为芯片企业解决后顾之忧。

## （二）多方调研形成的需求清单

2018 年 5 月，由国网江苏电力分管领导带队，营销部、南京供电公司负责人陪同，先后调研走访了华为、中兴等芯片龙头企业，就供电服务、深化合作等 6 个方面的问题进行了深入交流，参观了华为南京研究所的电力物联网产品展厅。调研系统收集了芯片企业为应对中美贸易战的生产计划、产品研发、技术革新等方面的策略调整，提前掌握企业用电需求和用能数据，形成了一张需求侧清单。

供电服务方面。华为要求，将数据中心电源（华为 5 号 /6 号线）一回改接至雨花变，另一路引自花神变，提高供电可靠性；华为研究所保证 24h 供电不中断，其他实验室如发生市电闪络等，要求 30min 内恢复供电。中兴要求，一般工商业用电改成峰平谷电价；夏季用电负荷高峰时尽量避免对公司进行错峰用电管控；在节能减排、综合能源服务、设备代维方面有服务需求。深化合作方面。国网江苏电力已率先在能源综合服务站、智能传感及智能终端、5G 电力切片、数据中台等方面开展了研究应用，华为和中兴都有意愿开展深入合作。

## （三）“芯片之城”专报的成稿之旅

早在 3 月，中美贸易战场开了第一枪，芯片产业被推向风口浪尖时，国网江苏电力就产生了这个选题想法。芯片的自主发展关系着国家安全和国民经济的发展，国家电网有限公司作为保障能源安全、提供能源服务的大型央企，在这场贸易斡旋中处于特殊的战略位置。

一是着眼全局，找准切入点。稿件撰写过程中，中美贸易争端仍在持续发酵。如何在快速跟进最新情况的同时，找准信息切入点十分重要。办公室从国家支持芯片产业发展的战略部署、能源行业发展的阶段性工作出发，把公司生产服务的举措放在更大的形势、背景、格局中去分析、审视，找准公司助力芯片企业积极应对中美贸易争端这个切入点。应用信息情报搜索引擎的爬虫技术，广泛收集国内外政策、前期调研成果、论坛观点等相关信息情报，进行排序、筛选、去重，实现情报需求智能感知，海量信息智能获取。

二是统筹协调，把握着力点。一篇有价值的信息专报需要跨专业多人协同组稿，对组稿人的快速整合能力要求很高。国网江苏电力经过多年信息工作体系运转，已经形成了成熟的业务流程和团队协作模式。一方面，统筹公司内外智库团队，将芯片专报撰写纳入信息重点项目，通过中美贸易战的影响、芯片对电能需求、公司服务举措、目前存在的问题等方面综合分析，形成专题报告；另一方面，加强政府沟通汇报，精准对接未来江北新区电网建设规划，开展供用电形势分析，明确服务方向。

三是总结凝练，形成记忆点。经过了七轮次的修改，办公室完成了公司服务芯片产业专报的组稿工作。国网江苏电力负责人审稿后，将原标题“国家电网服务江苏芯片产业发展”改为“国家电网服务江苏建设国家级‘芯片之城’”，有记忆点又切合实际。6 月 26 日，作为《国家电网专报》向中办、国办报送。7 月 2 日，专报得到国家领导人批示肯定。

## （四）关于国家级“芯片之城”专报的思考

《国家电网服务江苏建设国家级“芯片之城”》信息专报得到国家领导人的批示可谓十分不易，国网江苏电力办公室总结分析前期工作，结合当前信息工作形式，对下阶段信息工作展开了深入交流。

“此次信息专报能够等到上级领导批示，一方面是积极响应了党中央的要求，另一方面也是前期准备充分。”信息专职说了自己的看法。

“一篇好的信息不仅能够反映当前社会形势，人民群众的需求，更能指引企业下一步的发展，彰显企业的责任担当。要借助此次专报信息的成功，进一步加强和完善情报系统和信息系统建设，深度挖潜信息价值和潜力，支撑企业科学发展。”项目组织人补充说道。

“你们说得都很对，但是我想说的是，虽然这次专报做得很好，但是我们对于党中央和地方政府的部署要求仅停留在落实阶段，而没有主动发现信息点尤其是难点、突破点。江北划为国家级新区后，大家对它的关注还是太少了，对信息的挖掘力度不够深，这也从侧面反映了当前我们信息情报体系不够完善，对各类信息情报的掌握、运用不充分，我们要以此次专报为例，加强自身‘智库云’情报体系建设，打通情报上下交流渠道，更要挖潜信息价值，为领导科学决策、企业发展提供信息参考。”项目负责人总结道。

## 案例成果

专报组稿的过程中，芯片企业提出的专线供电、双电源双回路等方面的问题都得到了很好的解决。国家领导人批示肯定后，国网江苏电力主动向地方政府沟通汇报，与多家地市签署战略合作协议，持续优化电力营商环境，加强供电保障，升级系列举措。

### 1. 保障企业安全可靠生产

在江北新区研创园等芯片产业聚集地，建设能源综合服务站，为芯片产业集群集中供应电、冷、热等多种能源，同时配置大规模储能，保障电力供需平衡，实现电网安全灵活经济运行。上线了地区电网在线安全分析平台，建立运行风险评估体系，开展芯片产业等重要负荷供电路径分析，增强检修或故障时的负荷转供能力。根据芯片产业新装、增容等项目用电需求，采用带电作业进行不停电搭接，有效避免计划检修停电。

### 2. 助力企业降低用电成本

精准分析芯片企业负荷走势、设备负载率、负荷峰谷差等数据，给出峰谷电价政策使用和节能建议，为企业调整芯片测试、封装等生产时序提供参考。不折不扣执行国家阶段性优惠电价政策，政策期预计总优惠金额超 1000 万元。

### 3. 精准服务企业用能需求

针对芯片企业特殊用电需求，开辟绿色通道，采用“先接入、后补材料”的方式，加速办电流程，第一时间完成送电。上门服务开展用电隐患排查，分析企业内部电气设备运行方式和负荷分布情况，对不同供用能系统进行整体协调、配合和优化，提供能效诊断、节能改造、能源托管等服务，实现综合用能效率最优。

### 4. 助力集成电路产业链发展

联合国内三大运营商，共享共建 5G 基站，推行“变电站 +5G 基站 + 数据中心站”多站融合方式，服务 5G 芯片市场化推广和产业布局。以形成产业链协同推进为目标，集聚电网数据资源，打造芯片设计、晶圆制造、封装测试、配套材料等完整产业链服务平台，激活上下游企业间的交流和合作，辐射带动芯片产业链发展。

## 案例思考题

（1）通过本案例，你认为企业的发展对信息工作又会提出怎样的新要求？

（2）通过本案例，秘书处关于信息的收集和利用带给你哪些启发？在当前信息化社会中，你会如何挖掘、利用、保守信息？

## 案例启示

### （一）关于专报背景中国台湾地区“8·15”大停电的思考

通过对中国台湾地区大停电事故教训进行总结，结合江苏省电力系统实际情况，国网江苏电力总结加强能源安全保障工作四方面预防措施。

**1. 加强电源建设，优化江苏能源供应结构**

一是加大区外来电清洁能源引入力度。根据电力平衡情况适时建设，进一步提升江苏电网接纳区外电力能力，保障经济社会发展的电力需求。二是继续开发省内清洁能源。加快田湾核电二、三期工程建设，继续推动沿海千万千瓦风电基地建设，特别是海上风电的开发，稳妥推进省内分布式电源建设。

**2. 加强电网建设，增强电力供应保障能力**

优化电网网架结构与布局，提高技术标准和装备水平，确保电网发展“适度超前”经济社会发展。稳步推进苏通 GIL（gas insulated metal enclosed transmission line 气体绝缘金属封闭输电线路）综合管廊、500kV 统一潮流控制器（UPFC）等一批世界首创重大示范工程，统筹 500kV、220kV 网架建设，打造适应高负荷的省级大受端坚强智能电网。

**3. 支持大规模源网荷友好互动系统建设，提高电网抗风险能力**

一是推动修订完善《电力安全事故应急处置和调查处理条例》及其释义。将源网荷系统造成的可中断负荷减供行为，不纳入事故定级的考核范围，以充分发挥源网荷系统作用，提高电网安全水平和能源利用效率。二是建立有效的市场化激励机制，鼓励全社会积极参与。探索构建政府主导、电网和用户共建虚拟发电厂的激励和补偿机制，形成可持续发展的商业模式。鼓励用户参与基于大规模源网荷友好互动系统的需求响应，推动大规模源网荷友好互动系统建设、运行进入良性循环。

#### 4. 加快能源变革步伐，打造能源安全高效利用和绿色发展的典范

建设安全高效、绿色低碳的城市能源体系，构建跨区平衡、电为中心、多能互补、多轮驱动的能源供给格局，在“煤改电”、分布式能源友好接入、需求侧响应社会参与等相关政策和商业化运营机制方面形成突破，以政策创新支撑和带动能源变革。

## （二）关于“智库云”体系促成专报成稿的思考

国网江苏电力改变了传统的情况简单收集汇总的信息生产模式，围绕提高“智库云”体系运转效率、提升两个网络研究分析能力，创新提出并针对性设计了情报课题分析筛选、调研撰写、发布应用“三大工作机制”，供读者参考和借鉴。“智库云”体系下的信息情报工作机制与传统信息工作机制对比如图 1 所示。

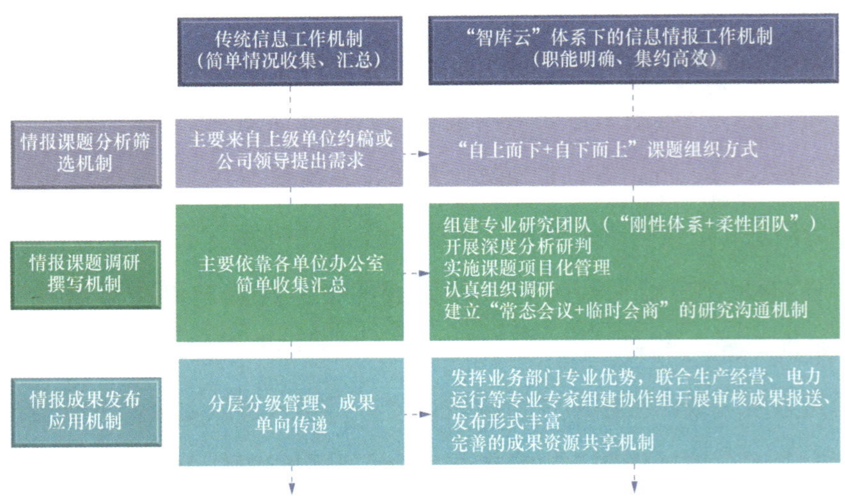


图 1 “智库云”体系下的信息情报工作机制与传统信息工作机制对比图

### 1. 情报课题分析筛选机制

打破传统主要来自上级单位约稿或依靠公司领导提出需求的选题模式，创新建立了“自上而下＋自下而上”课题组织方式。自上而下是指公司领导采取点题、命题等方式，指导开展事关企业发展的重大课题研究。而自下而上是指由各部门（单位）围绕企业发展需要重点关注的问题和领域申报课题研究需求，经本部办公室汇总筛选，再具体组织完成研究任务。一是密切关注改革发展、能源变革等内外部形势，把握政策动向和信息热点，加强与地方党委政府和上级单位的沟通联络，定期整理地方党委政府和上级单位专题约稿通知、文件等。二是公司领导采取点题、命题等方式，指导开展事关企业发展的重大课题研究；同时及时整理重要会议、内部督察督办等相关记录，形成研究课题需求清单。三是打通内部交流渠道，强化与相关专业部门联动，各部门（单位）定期向办公室提交近期信息情报研究需求。以上经初步审核后列入信息情报需求清单，由办公室牵头相关专业部门，每月滚动修订情报需求清单内容，为研究工作有序开展提供目标引导。四是确定研究课题（课题清单—编制项目），办公室牵头组建信息情报选题会商组，定期组织开展选题会商，审议各层级信息情报需求，动态管理需求清单。根据清单，从重要性、紧迫性、可行性等维度开展分析，确定阶段性信息情报研究重点课题，编制信息情报研究项目。

### 2. 情报课题调研撰写机制

办公室组织相关部门，根据课题研究工作计划，启动课题研究项目，并应用项目化手段，做好课题研究管理工作。一是实施项目化管理。制定课题研究工作方案，明确“收资、调研、研究、撰写”等各阶段的目标节点。加强项目计划、定期反馈管理、中期检查管理、项目销号管理。二是认真组织开展调查研究。调研实施前，编制调研提纲，制定调研工作方案；调研启动后，坚持深入实际、深入基层、深入一线，多层次、多方位、多渠道、多方式地开展调研；调研过程中，发现典型经验地注重挖掘并做好提炼总结，通过常规信息渠道及时发布，推广应用；调研完成后，形成初步调研成果素材。三是完善交流会商沟通机制。由办公室组织，相关部门和单位参加，开展月度分析，加强对企业外部环境、形势和政策变化，以及企业运营发展的分析研判。每周定期开展交流会商，以电视电话会的形式，进行素材的审核、收集、修改与加工。

### 3. 情报成果发布应用机制

为进一步加强课题成果应用和后期管理，提升服务价值，国网江苏电力构建了全新的信息情报成果审核、发布、应用机制。一是加强信息情报成果审核发布。制定成果评价标准，对成果质量进行量化评价。建立生产经营、科技创新、营销服务等专项协作分析组，针对专业性较强的信息，组织业务部门共同审核。二是搭建企业级信息情报资源共享库。一方面是定期编印信息情报刊物。以《国网江苏省电力有限公司信息》《研究与交流》《他山之石》等刊物为载体，及时刊登研究重点项目、重点任务以及最新内外部形势情报。另一方面是注重研究情报网络化应用方法，搭建线上服务平台，根据信息情报保密级别分级分层点对点推送研究成果。三是建立主要工作问题清单库。各部门（单位）可就信息情报成果中相关结论提出不同看法，不断拓宽项目研究的宽度与深度。在重要信息情报项目意见、问题的收集与整理基础上，加强基层单位相关情况、问题等素材整理和挖掘，拓宽信息采集渠道。四是信息情报产品质量和数量纳入业绩考核。按照产品最终被录用、发布和反响情况（如领导批示），设置业绩考核加分档次和分值，激发部门和单位积极性。

超前、全面、科学的信息是企业做出正确决策的基础。信息的高效吸收利用，可以提升企业面对环境变化的反应速度，紧跟甚至引领时代的发展、社会的需求。

# 延展阅读

## “智库云”信息情报体系建设创新实践

为响应国家号召，国网江苏电力以情报研究、政策分析、决策辅助和咨询评估为重点，组织开展“智库云”信息情报体系建设创新实践，探索建立与公司新时代发展战略相适应的信息情报体系架构、工作模式与支撑载体，推动信息情报工作向更高水平、更高质量、更高层次迈进。

打造情报感知网络。情报感知网络主要由信息情报站构成。将各地市供电公司、直属单位办公室（综合室）打造成能够“独立自主、运行完善”的信息情报站。信息情报站作为相对独立的智库研究机构，主要负责积极跟踪本地区、本单位能源电力、宏观政策、经济形势和技术发展等趋势，同时依托“智库云”信息情报管理平台，做好相关信息情报收集分析上报工作，对供电企业发展机会进行精准的态势感知，并支撑研究分析网络相关研究任务。各地市供电公司、直属单位办公室（综合室）负责本单位信息情报站建设管理工作。

打造研究分析网络。研究分析网络主要由本部专业部门以及经研院、电科院等研究单位构成。主要负责整合公司信息情报资源，研究信息情报需求，明确研究方向，指导全省研究工作；常态化开展课题调研，加强综合性信息情报的研究分析撰写，同时依托“智库云”信息情报管理平台的前沿数据，开展项目前期的前瞻性研究，掌控好项目的预期成果，做好相关情报研究工作的统筹指导。

打造项目化管理机制。按照信息情报课题计划表，实施课题项目化管理，从项目立项申报、论证评审、组织实施、检查评估、验收鉴定、成果推广、档案入卷的全过程管理。从情报课题的研究立项开始进行策划和系统规范，使项目组织实施、验收等各环节按业务流程规范操作，将每个项目按照流程在各部门之间流转，做到每个步骤工作流程及时有序、规范高效。

打造信息情报工作团队。构建“刚性体系 + 柔性团队”工作模式。刚性体系是指成立专门信息情报组织体系，纳入现有组织架构范畴，给予充分自主权。配置专门的研究力量，以研究分析网络为主体，形成固定的、规范的专职研究队伍，确保体系运作的稳定性和连续性。柔性团队是指在情报感知网络基础上，以项目制广泛吸纳公司内外部专家人才，对项目负责人充分授权，强化自主管理，成员“按任务聚散”。刚性体系一般由公司办公室、企协分会、经研院、电科院等单位（部门）信息情报工作人员组成。

# 创新解难题　实干创奇迹

## ——镇江市电网侧储能建设案例

**所属类别：**

能源服务

---

**案例摘要：**

本案例描述了国网江苏省电力有限公司镇江供电分公司（以下简称镇江供电公司）面对地区电力缺口，创新应用储能技术，充分发挥储能调峰、调频以及应急响应作用，全力确保地区电力供应的创新事迹，同时讲述了镇江电网侧储能电站在工程管理、技术创新、专业管理等领域作出的积极探索，付出的艰辛努力，为推动电网侧储能发展提供了典型示范样板。

---

**案例关键词：**

电网侧储能　工程管理　储能应用　源网荷储

## 案例背景

### （一）事件背景

为落实江苏省政府节能减排要求，镇江市谏壁电厂到龄机组关停，同时镇江市丹徒燃机因故无法按期建成投运，造成 2018 年夏季用电高峰期间，镇江东部访晋分区存在 35 万 kW 左右的电力缺口。镇江供电公司在国网江苏省电力有限公司（以下简称国网江苏电力）的大力支持之下，决心创新应用储能技术，充分发挥储能电站建设周期短、布点灵活、见效快的优势，迅速解决缺电难题。

### （二）人物信息

李希：镇江供电公司运维检修部变电负责人员，从事变电专业工作十余年，有丰富的变电运维现场以及大型变电站启动调试组织协调经验。

孙芳：镇江供电公司变电检修室电气试验班班长，从事电气试验专业工作近三十年，在变电检修及试验领域有丰富的工作经验，并参与制定了省、市公司电气试验专业相关规程标准。

汪远：镇江供电公司变电检修室优秀专家人才，从事变电检修专业 34 年，工作经验丰富，善于解决工作中的难点问题，多次组织实施技术创新、生产突击、服务基层一线等创新实践活动。

## 案例内容

### 迫在眉睫，夏季供电困局引发创新思路

2017 年 9 月，镇江市谏壁电厂 3 台 33 万 kV 到龄机组全部关停，而替代关停机组的丹徒燃机 2 台 44 万 kV 机组却因故无法按期建成投运。2018 年 3 月，距离夏季用电高峰期仅剩 3 个月的时间，如果无法解决供电问题，镇江东部电网将面临 35 万 kW 左右的电力硬缺口。

传统解决方案可采用新建变电站或变电站扩容等方式，但建设周期较长，难以短时间内解决镇江市 2018 年夏季用电高峰电力硬缺口问题。如果通过调

度停电、拉闸限电等措施调节，对于镇江东部经济最发达的大港、扬中和丹阳地区来说，会导致诸多企业停产停工，无疑将对当地的经济发展蒙上一层厚厚的阴影。

2018 年 4 月 16 日，镇江市委书记亲自带队到国网江苏电力寻求解决方案。原来早在 2018 年 1 月，国网江苏电力就已召开储能应用专题研讨会议，成立了储能研究专项工作领导小组和工作组。此次镇江市委班子与国网江苏电力领导班子的会面，双方快速达成了“携手合作、开拓创新、共同助推镇江地区绿色、创新、科学发展”的共识，决心创新应用储能技术解决迫在眉睫的夏季供电困局。紧接着，国网江苏电力启动实施镇江东部地区电网侧储能项目，紧张的选所选线工作快速开启，2018 年 5 月，项目如火如荼地动工了。

## 面对未知，排除万难的攻坚实干之路

镇江电网侧储能项目建设目标是建成世界规模最大、功能最全面的电网侧储能电站，将包括 8 个储能电站，主要分布在镇江大港、丹阳和扬中地区，其中大港地区 3 座，丹阳地区 2 座，扬中地区 3 座。总功率为 101MW，总容量为 202MWh。

可以说，国内外在这方面的经验几乎是一片空白。当国网江苏电力的艰巨任务下达到李希时，她所面对的首当其冲就是难以攻克的技术难点，李希说：“这么大规模的电网侧储能电站，怎么建？建成什么样？说实话大家心里都没底。为了让蓝图变为现实，公司变电、试验、基建、通信等各个领域的专家，几乎倾巢出动，上下一心，打响了一场没有硝烟的战争。”

### 1. 制定验收标准，团队携手前进

电网侧储能项目相应的验收必须具备明确的标准和规范，可标准如何制

定呢？别说在镇江，就是全国也找不到关于电网侧储能电站验收的只言片语。李希团队需要首创相应的验收规范、运行规程、检修规程等诸多文件，同时还需按照现有变电站的标准，让储能电站在建设过程中配置全面，满足后期运维、检修的要求。

面对未知，项目团队勇于探索。2018 年 5 月 17 日，国网江苏电力召集设计单位、业主单位以及中国电力科学研究院有限公司、国网江苏省电力有限公司电力科学研究院的相关专家开会，镇江供电公司作为主要发言人，宣读了李希及专家团队用三天三夜赶出来的储能电站建设投运标准，包括《电网侧储能电站设备验收规范（试行）》《储能电站验收大纲》等操作规范。验收标准之高，令人咂舌。会议之后，三家业主以及相关设计单位都反馈——“要求实在太高了，工期不允许再进行任何修改设计，能不能通融放低要求……”面对这样的反馈，李希和镇江供电公司运检部扛住了压力，在专业角度没有丝毫妥协和退让，就一句话——“按要求来！我们共同想办法！”

5·17 会议后来一直被开玩笑说是“地狱的一天”，然而，无论在专业上如何争执，李希及项目团队和业主、设计施工人员在现场的共同战斗中都结下了深厚的友谊，也为后续储能站的安全稳定运行奠定了基础。

### 2. 党委联系服务专家，使命信念必达

在建设储能电站这个艰巨任务面前，镇江供电公司将所有希望寄予一线技术专家，而工程建设中的困难远远超过了所有人的预期。与此同时，一项新管理举措也悄然而至——“党委联系服务专家”。由镇江供电公司党委成员与技术专家直接联系结对，当技术专家们在现场遇到疑难问题，跳过层层汇报和请示环节，直接反映到公司最高管理层，极大节约沟通成本。新举措如同春雨知时节，为专家们打赢这场攻坚战，带来了必胜的信心。

孙芳专家团队负责的是储能站的电气试验工作，这方面技术标准几乎没有，怎么做全凭大家摸索。与孙芳结对联系的是党委委员张总，张总经常参

加团队的技术研讨会，因为曾有过电科院工作经历，时常给出建设性意见。孙芳说："记得有一次，关于升压变压器的试验，在大家都拿不定主意时，张总现场帮着联系行业内相关专家进行咨询。就这样在边做、边改、边完善中，我们制定出了第一套关于 10kV 储能电站的完整试验标准和方法。"

### 3. 克服艰苦条件，夜以继日奋斗

5~7 月是镇江最闷热的季节，储能项目工程的施工现场都是预制舱（见图 1），没有空调，甚至晚上照明都很有限，所有站投运时场地硬化都来不及做，团队都是在泥地里施工验收。晴天时漫天尘土，下雨时满身泥泞，由于是盛夏，绝大多数人在储能站建设的那几个月都晒伤了。李希回忆道："那两个月，朋友圈里都在晒黑白分明的胳膊、脖子或者腿，还有晒伤蜕皮的自嘲像蛇一样，蜕一次就成长一次。"

图 1　储能电站预制舱

在储能电站建设过程中，类似于这种奋进感人的故事还有很多……

建山储能电站是 8 座储能电站中首个施工建设的电站，其建设过程也是真正从无到有的探索过程。汪远专家带领他的团队，为建山站的建设提供了大量的技术支持，也为后续 7 座储能电站的建设提供了技术参考。

建山储能电站的智能总控舱布置有站端监控系统、智能网荷互动终端、同步向量测量装置、防孤岛保护及频率电压紧急控制装置等控制装置，其相当于储能电站的中枢神经系统，对储能站的正常运转起着至关重要的作用。然而正是这个中枢神经系统，却在进行“神经搭接”的时候出现了问题。

2018 年 6 月 11 日晚，已经下班回到家中的汪远接到建山站施工现场打来的电话：智能总控舱内屏柜二次接线十分混乱，施工人员整改了很多遍，效果依旧不理想。汪远心里十分清楚智能总控舱的重要性，二次接线混乱会带来多余导线堆压受损、接线不牢易脱落以及出现问题不易查找等诸多问题，看似是小问题，实则是威胁总控舱的安全稳定运行的大隐患。汪远顾不上休息，立即驱车前往建山站进行现场查看。

建山站总控舱内采用“前接线、前显示、旋转门”的设计方式，以提高空间利用率、便于储能电站运维管理。然而，这种设计方式使屏柜的二次接线作业空间受限，造成接线施工不便，再加上施工人员接线工艺不规范，造成了二次接线混乱。查明原因后，汪远建议立即返工重接。

“返工？”项目经理锁紧了眉头，按计划 8 座储能站全部要在夏季用电高峰到来前投运，才能及时填补发电缺口，否则镇江东部将会有近 20 万人的用电受到影响。现在返工的话浪费大量的人力、物力不说，关键是会对投运日期造成严重影响。汪远看出了项目经理的忧虑，说道：“工期固然重要，但是如果施工工艺不保证的话，现存的隐患会在将来造成更大的安全问题。这样，我和团队全力协助你们整改接线，尽量不影响工期！”说罢，汪远立即组织团队技术骨干连夜投入到二次接线整改工作中，技术团队从电缆终端制作、电缆固定、二次接线绑扎以及屏蔽线处理等各个环节进行重新施工，确保每一步都规范、标准。

预制舱外日月交替，预制舱内灯火长明，团队成员换了一批又一批，汪远却始终奋战在舱内，因为他要确保总控舱的每一根“神经”都搭接精准无误。就这样，汪远带着团队成员们连着干了两天两夜，硬是将原本 5 天的整改工期缩短到 2 天。整改结束了，满眼血丝的汪远顾不上休息，立即将整改过程中的做法、经验总结成《储能站舱屏柜接线技术规范》，为后续其他储能电站的接线施工提供了参考依据，避免了屏柜二次接线的返工现象，极大节约了二次接线工作过程中的人力与物力成本。

## 全面投运，创新专业管理机制

2018 年 7 月 18 日，镇江市东部地区建成投运了世界最大规模、功能最全的 101MW/202MWh 电网侧储能电站集群，电网侧储能项目自开工建设到建成投运仅用时 73 天。为保障储能电站安全稳定运行，充分发挥储能电站调峰、调频以及事故应急响应等作用，镇江供电公司对储能电站专业化管理进行了探索，在储能站消防管理、源网荷储互动等领域积累了丰富经验。

### 1. 智能化消防安全管理

镇江供电公司上线应用国内首套储能电站火灾智能预警系统，提高储能电站消防安全管理水平。成功研发“基于特征气体探测的储能电站火灾智能预警系统”，配套设置储能电站集中监控系统，动态检测电池燃烧初期产生的 $H_2$、CO 等敏感气体，在火情扩大前快速切断电池组电源，有效控制火情。组建储能电站火灾实时监控与处置小组，建立调控中心技术人员与运检部运维人员协同联动机制，确保储能电站安全运行。截至目前，储能电站火灾智能预警系统已应用于镇江市 8 座储能电站，全时段检测电池组运行工况，有效消除消防安全隐患。

### 2. 精细化电站指标管控

投运镇江电网侧储能电站运行分析系统，应用时间维度纵向比较、站内不同模块横向比较、同一指标多公式计算比较等三种校验算法，准确计算功率、电量、储能单元、能效、可靠性等 5 大类 36 项运行指标，实现电池定性分析向定量分析转变。明确电池管理系统电压、电流、电量、温度等核心系统参数、定值设置原则，统一标准，对不同厂家电池参数进行横向比对，对同一厂家电池整治前后参数进行纵向分析，以此为基础形成电池质量评价依据，提升储能电站电池管理实效。

## 案例成果

镇江储能电站示范工程采用“分散式布置、集中式控制”方式在镇江大港新区、丹阳市和扬中市新建 8 个储能电站，电网侧总功率为 101MW，总容量为 202MWh，总投资约 7.6 亿元。储能电站投运以来，在削峰填谷、应急响应、系统建设等方面探索实践，提速发展，取得了积极的成效，具有很好的经济效益、科技效益和社会效益。

**经济效益：**提高镇江东部地区供电能力和电网灵活调节能力。镇江储能电站建成后，短期可提高镇江东部电网供电能力 10 万 kW，远期通过其毫秒级充放电转换能力和低转动惯量优势为电网运行提供调峰、调频、备用、黑启动、事故应急安全响应、电能质量改善等多种服务，具有显著的示范引领作用。该工程每年可减少火电厂因调频造成的燃煤消耗 5300t，相当于少建一座 200MW 的常规调峰电厂，可节省电厂投资及电网配套投资约 16 亿元。

**科技效益：**促进源网荷储系统升级应用。镇江储能电站将全部接入源网荷储友好互动系统，最多可提高毫秒级响应 202MW，提高特高压直流故障初期频率稳定性，推动储能技术标准建立与规范体系完善，推进储能领域技术研究与成果培育，驱动“源网荷储”协调发展，助力江苏高端电网建设。

**社会效益：**推动江苏省内能源变革转型发展。镇江储能电站的快速响应和灵活性能够弥补可再生能源的随机性和间歇性，可大幅提升江苏电网对可再生能源的接纳能力，可减少二氧化碳排放 1.3 万 t，减少二氧化硫排放 400t，提高能源系统整体效率，加快能源生产、消费绿色转型，推动省内主体能源由化石能源向可再生能源更替。

## （一）电力调节器，让城市电网更灵活

电网侧储能电站投运后，利用 8 座电网侧储能电站在夜晚低谷时段充电，在白天高峰时段放电，将镇江市东部访晋分区受电有效降低到 1900MW 左右。尤其在最大负荷日 8 月 10 日，当日镇江市东部访晋分区最大网供负荷达 1997.56MW，通过储能放电，使得该时段从镇江市东部访晋分区受电最大降为 1912.26MW，发挥移峰填谷作用，有效缓解电网供电压力。2018 年 8 月 10 月镇江市电网负荷曲线图如图 2 所示。

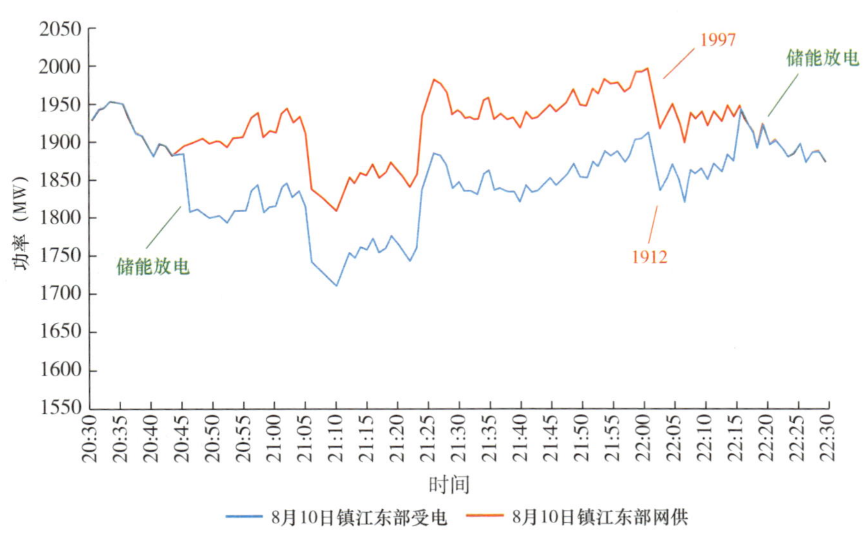


图 2　2018 年 8 月 10 日镇江市电网负荷曲线图

## （二）迭代升级，让源网荷系统更强大

通过将储能接入源网荷系统，镇江供电公司率先升级应用“大规模源网荷储友好互动系统”，充分发挥储能启动时间短、控制响应快、调节精度高的特点。通过使用源网荷系统控制储能电站，一方面，可以避免或降低直接切除用户负荷对社会造成的影响；另一方面，可以为电网提供额外电源支撑。

镇江电网侧储能电站智能源网荷终端直接接收来自江苏源网荷友好互动系统的指令，将精准切负荷指令直接发送至各组 PCS，避免站端监控系统与 PCS 通信的延时，实现快速最大出力放电。根据现场实测情况，储能电站平均充放电转换时间 70ms，通过将现有电网侧储能电站全部接入大规模源网荷友好互动系统，可提升毫秒级精准切负荷容量最多达 202MW，促进系统向“源网荷储”友好互动升级。源网荷系统负荷调度模型如图 3 所示。

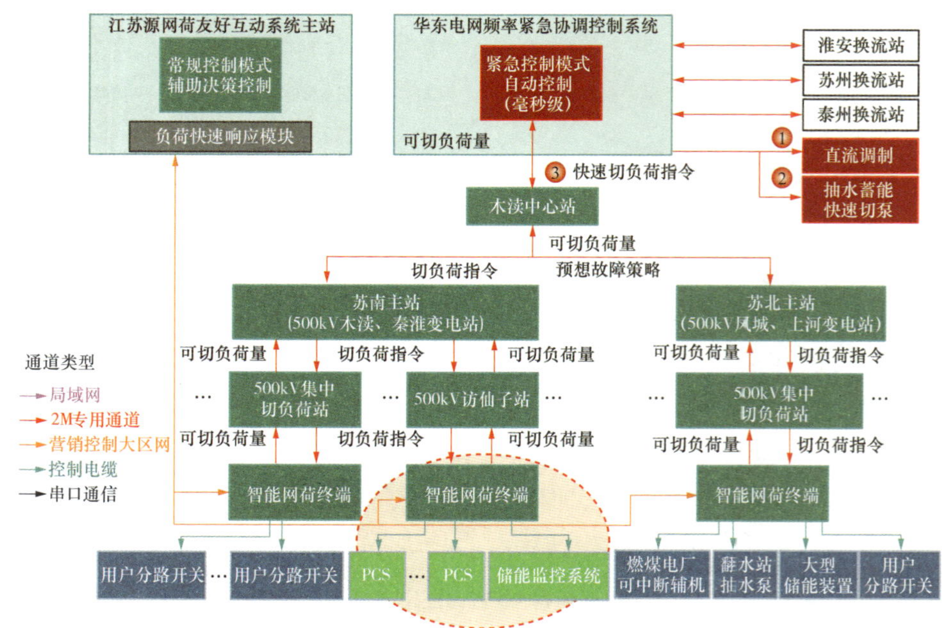


图 3　源网荷系统负荷调度模型

## （三）协调互补，让新能源消纳更畅通

镇江市电网侧储能的接入一方面可平滑新能源发电的波动性、跟踪计划出力，提高新能源发电的可预见性，另一方面可平抑新能源发电的反调峰性，有利于优化机组开机方式，提高系统运行经济性。利用储能的持续充放电能力，以及充放电状态的快速切换性能，使新能源具备更友好的电网接入性。

## （四）智慧管家，让“电网充电宝”更高效

相比传统变电站，储能电站设备众多、数据庞大、计算繁琐、控制复杂，随着现场电池充放电策略变化，极易产生大量的电池组状态数据。

结合电网侧储能电站参与大电网实时调节契机，根据运行模式及储能综合效率、充放电转换效率、电池等效循环次数等关键指标，镇江供电公司研发投运了镇江市电网侧储能电站运行分析系统（见图 4），通过大数据分析

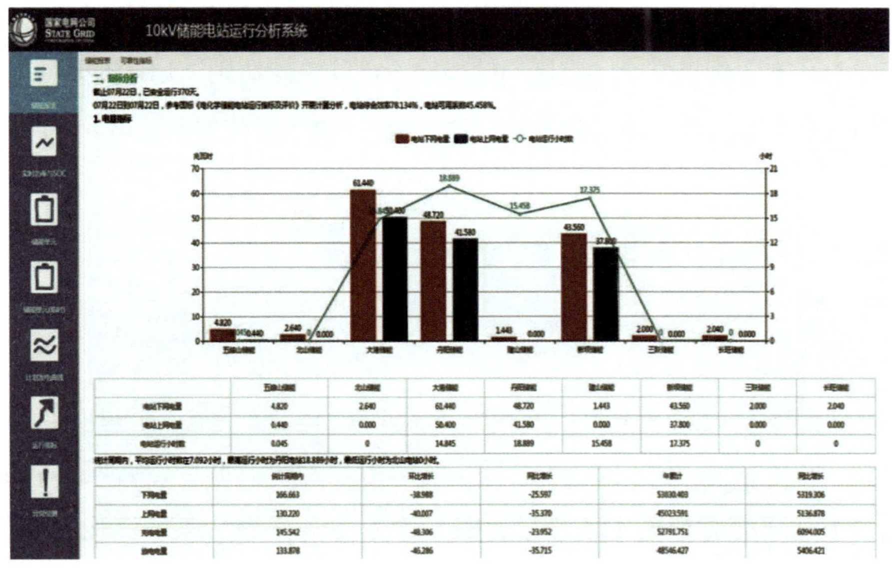


图 4　镇江市电网侧储能电站运行分析系统

等手段，实现了储能电站从定性分析向定量分析转变，为持续开展储能探索和新应用场景提供数据支撑。在《电化学储能电站运行指标及评价》（GB/T 36549—2018）基础上，拓展延伸出 5 个大类指标、36 个小项内容，优化储能电站运行分析，实现储能电站运行状态指标“全透视”。

## 案例思考题

（1）如果是你面临着夏季用电高峰期的巨大电力缺口问题，会做出哪些应对？

（2）面对工程量浩大、协调人员多而复杂、工期短、技术难点多等艰巨问题，你会采取哪些措施保障工程顺利建成投运？

## 案例启示

储能作为一项先进的能源技术，将是未来电网的必要组成部分，镇江供电公司在对储能技术创新应用的过程中，为全国电化学储能的发展提供了经验和样本，本案例提供了“电网侧储能建设创新三三法则”，其中包括“项目开展的三个关键”及“项目创新的三个思维”，供读者借鉴与参考。

### （一）项目开展的三个关键

#### 关键一：党建领航，创新制度保障一线战斗力

镇江供电公司党委牢牢把握习近平总书记提出的“聚天下英才而用之”人才观，以“聚专家人才、促创新发展”为目标，通过在引领服务、成果孵化、人才培育方面的工作举措，激发专家主动作为、敢于担当的创造精神，促成了全球最大规模的储能电站建设，江苏也迈入“源网荷储”新

形态。

在这场创造历史的攻坚战中，我们看到了党委成员直接联系专家敢为人先的奋斗精神，同时，也感受到了党委联系服务专家工作带来的惊人力量。

**关键二：上下同心的艰苦奋斗精神**

在项目施工和投运期间，项目组成员和公司一线专家所带领的团队奋战在一线，先后克服了技术难关、人员协调难关以及恶劣的天气环境和作业条件。八个作业现场，上千号人员同时施工，有业主、有厂家、有总包、有分包，人员数量和类别多到无法分别清楚，协调难度也相当大，在项目建设全期，镇江公司全体不是因为命令和要求在坚持，凭的是高度的自觉性和责任心，凭的是艰苦奋斗和为民服务的精神。

**关键三：从 0 到 1 的体系规范管理**

为确保储能站验收、运行、检修的规范化管理，镇江供电公司配合国网江苏电力创新性地编制了《电网侧储能电站通用运行规程（试行）》《电网侧储能电站检修规程（试行）》《电网侧储能电站设备验收规范（试行）》，组织编制了《储能电站标准化建设规范》《储能电站设备试验报告模板》以及《储能电站验收大纲》等操作规范。储能电站设备进场后，运维专业同步开展标准化建设现场交底，有序开展标识标牌制作安装、安全工器具和生产工器具配备、规程典票编写等生产准备工作。

## （二）项目创新的三个思维

**思维一：创新破局思路，勇于打破常规**

镇江供电公司在精准分析供用电形势基础上，摆脱传统发展观念束缚，另辟蹊径、化危为机，在镇江东部地区建成全世界最大规模的 8 座电网侧储能电站集群。通过多层级把控储能电站安全、质量、进度，掌握全新的运维模式，充分发挥储能站削峰填谷作用，全力保障地区电力供应。

### 思维二：创新工程管理，总承包模式见奇效

镇江电网侧储能项目充分发挥总承包管理模式在提高项目管理水平、缩短工程建设周期、有效控制项目投资、提升工程质量等方面的优势，建设周期最短为 42 天，平均建设周期 55 天，打造了储能项目高效建设的行业典范。工程总承包模式管理结构如图 5 所示。

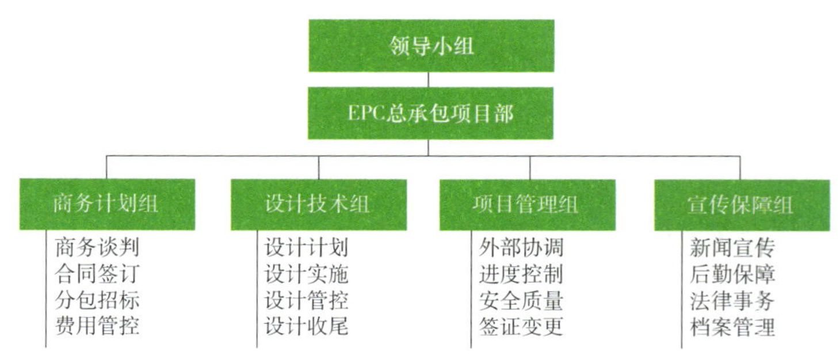


图 5　工程总承包模式管理结构图

项目总承包项目部下设商务计划组、设计技术组、项目管理组、宣传保障组。所采用的项目总承包是以设计为主导的项目总承包模式，具有五大优势：体现设计主导地位、提高项目管理水平、缩短工程建设周期、利于项目投资控制、提高工程建设质量。

### 思维三：创新技术措施：多措并举有保障

**工程选址：**采用“分散式布置，集中式控制”方式进行规划、设计和建设，工程选址充分利用电网现有变电站资源建设。储能项目电站分布如图 6 所示。

**设备选型：**并入电网的储能电池需要具备良好的充放电快速响应能力及较高的充放电转换效率。当前，国内主流的电化学储能电池技术路线主要有

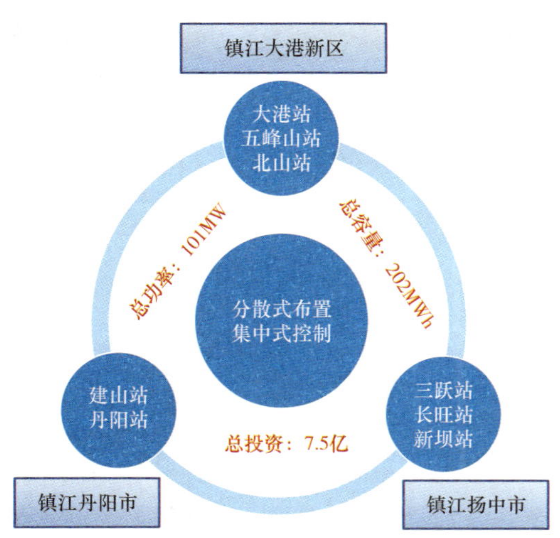


图 6　储能项目电站分布图

磷酸铁锂电池、铅炭电池、铅酸电池等。磷酸铁锂电池是政府重点推广的电池类型，是将来储能电池的主流技术路线，在国网张北储能电站、南网宝清储能电站中均作为主流技术路线被采用。结合本次访晋分区调峰需求，储能电站采用磷酸铁锂电池，安全性强、能量密度高、充放电速率快；采用 SVG（静止无功发生器）替代传统无功补偿装置，实现对无功和谐波的瞬时动态补偿。

**主接线优化：**将进线舱和 PCS（储能变流器）舱对应的型式优化为“一拖四”“一拖三”，将多面 PCS 舱相互连接后接入一台进线柜，大幅降低设备成本，有效减少占地面积。镇江市北山储能电站主接线如图 7 所示。

**工程建设：**储能电站分为厂房式和预制舱式两类。鉴于本次项目实施工期紧迫，采用标准预制舱布置形式，设计方案模块化、设备基础通用化、施工标准化，缩短建设周期，降低成本。

**源网荷储应用：**储能电站接入国网江苏电力源网荷系统，利用储能设备运行状态快速转化的能力，实现储能设备从“负荷”向“电源”的毫秒级转变，为国网江苏电力“大规模源网荷友好互动体系”正式升级为“大规模源

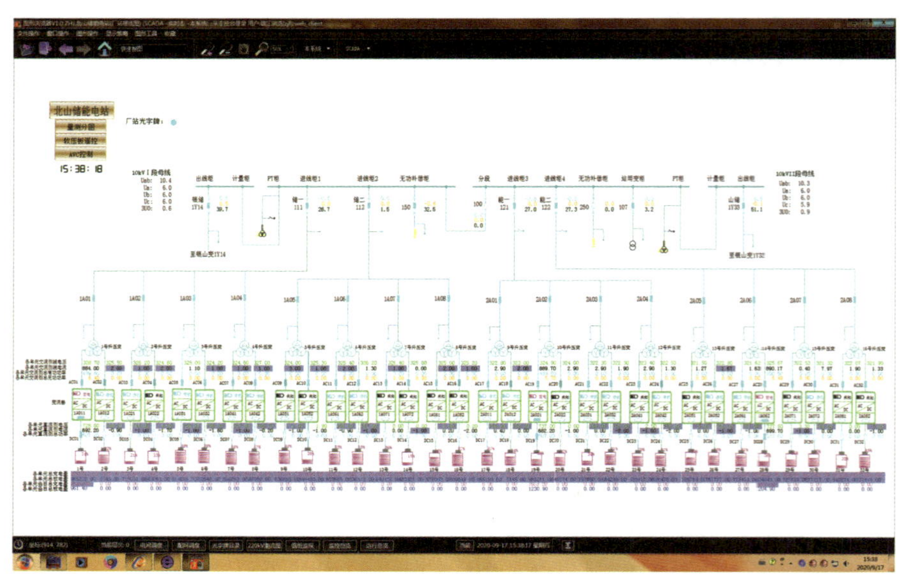

图 7　镇江市北山储能电站主接线

网荷储友好互动体系”奠定坚实基础。大规模源网荷储友好互动体系框架如图 8 所示。

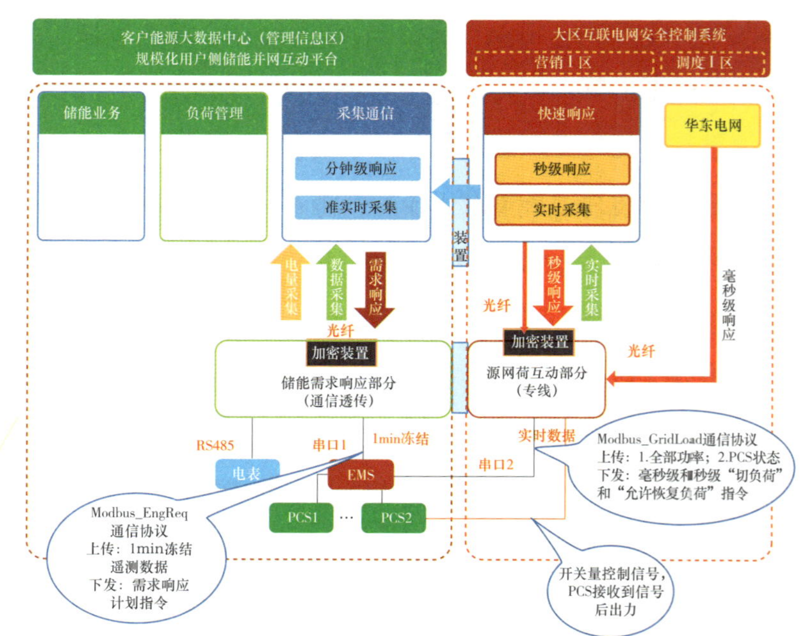


图 8　大规模源网荷储友好互动体系框架

# 智慧能源革命　成就客户梦想

## ——建立“广盈电管家”平台提升供电增值服务

**所属类别：**

能源服务

---

**案例摘要：**

本案例描述了国网江苏省电力有限公司无锡供电分公司（以下简称无锡供电公司）创新能源服务模式，推动公司从电能供应向能效提升服务转变，统筹指导供电服务分部拓展综合能源服务的实践。案例中，无锡供电公司作为“广盈电管家”项目全面试点单位，依托技术装备优势，以电力客户设备代维等传统服务为市场切入点，围绕客户需求开展用能监测、节能改造、电能替代、能源托管等多元化业务，积极拓展综合能源服务市场，创新研发“广盈电管家”系统平台，构建基于“普惠服务 + 精准服务 + 增值服务”的业务新体系，建立“主动故障预警、智能快速响应、安全远程监控、增值能效托管业务”的业务新流程，取得了显著效果，对提升供电增值服务管理工作具有一定借鉴意义。

---

**案例关键词：**

智慧能源　普惠服务　精准服务　增值服务

# 案例背景

## （一）事件背景

随着新一轮电力体制改革的推进，电网企业传统运维管理与供电服务模式面临着较大的冲击，同时“大数据、云计算、物联网、移动互联”等全新技术的发展应用，为供电服务体系创新与内容拓展提供了引领与支撑。10kV 及以上重要客户代维服务市场作为供电服务体系的重要组成部分，具有专业化需求更广、精准服务要求更高的显著特性，具有极大的开发潜力与市场空间。

结合国家能源与电力“十三五”规划提出的“构建‘互联网 +’智慧能源的未来发展模式”，无锡供电公司提出构建“广盈电管家”平台，建立面向重点客户的专业化共赢管理体系，提升供电增值服务。无锡处于长三角经济发达地区，优质服务基础好，客户对电能质量要求高，无锡供电公司作为“广盈电管家”项目全面试点单位，负责“广盈电管家”系统平台研发，构建基于“普惠服务 + 精准服务 + 增值服务”的业务新体系，建立“主动故障预警、智能快速响应、安全远程监控、增值能效托管业务”的业务新流程。

## （二）人物信息

广盈新能源公司：综合能源服务的实施部门，由无锡供电公司副总龚总直管。部门总经理俞娜燕，项目负责人，思维灵活，属于授权型领导。专职李向超，项目实施人，从事新能源市场化业务多年，具有较强的组织协调能力。

营销部：综合能源服务业务的主管部门，由无锡供电公司副总龚总直管。

部门主任钱立军，多年的营销工作检验，非常支持综合能源业务的市场拓展。专职潘湧涛，项目实施人，市场业务管理工作经验丰富。

## 案例内容

### 一个小事故引发的思考

2016 年 9 月 21 日，无锡市市政府正在召开常务会议，汪市长正在作报告，突然，话筒没声音了。会后无锡市机关事务管理局在做事故分析时，发现是控制此路电源的断路器跳闸引起的，原因是低压电缆接头烧坏，背后反应的是日常维护人员的疏忽——由于此路断路器下的用电设备增加，并未更换相关的电缆及断路器，导致长期过负荷运行。

在此事故发生后第二天，无锡市机关事务管理局冯局长主动上门到无锡供电公司，为杜绝此类事故的发生寻求解决方案。冯局长提出专业的事交给专业的人做，考虑到无锡市市民中心的重要政治地位，希望将无锡市市民中心的供配电设施委托给供电公司管理，通过专业的技术及管理模式提高供电保障性，确保万无一失。

当天，无锡供电公司副总龚总召集营销部和广盈新能源公司进行了专题讨论。

“今年以来，国家电网公司确立了要从电能供应向能效提升服务转变的思路，我们也在谋划综合能源服务市场，10kV 及以上重要客户代维服务市场作为供电服务体系的重要组成部分，具有专业化需求更广、精准服务要求更高的显著特性，具有极大的开发潜力与市场空间。市民中心政治地位特殊，是我们的重要客户，这个业务可以作为我们开展综合能源服务的切入点，大家一起讨论一下后期如何开展业务，开拓市场。”龚总首先抛出了问题。

“我觉得我们可以以市民中心的代维业务为起点，结合我们的传统技术优势，建立一套客户服务标准及流程，进行市场推广。”营销部钱立军回答道。

“我们可以建立我们的标准化电管家服务团队，并针对不同客户提供给个性化的定制服务，打响我们的品牌。”广盈新能源公司负责人俞娜燕说道。

“可以，既然我们要转型成综合能源服务商，那我们就以建立‘广盈电管家’为主题，进一步开拓综合能源服务市场，以代维业务作为切入点。营销部作为职能部门，加强统筹指导，新能源公司作为综合能源市场化业务的实施部门，负责业务具体开展，共同思考推进此项业务的市场开拓，打响品牌。”讨论会以龚总的点睛之笔收尾。

那次讨论过后，无锡供电公司正式成立了“广盈电管家”的组建团队，项目的具体推进任务交到了潘湧涛和李向超的手上。

## 代维业务推广受阻，市场反响不高

2017 年 1 月 1 日，广盈新能源公司正式承接了无锡市市民中心的代维业务，派驻了一个 20 人的团队维护市民中心的 6 座 20kV 变电站。图 1 为广盈新能源公司运维人员巡视无锡市市民中心变电站。广盈新能源公司以此为契

图 1　广盈新能源公司运维人员巡视无锡市市民中心变电站

机，向工商业用户推广有人值守的代维业务，即用户可将供配电设施全权委托给新能源公司进行运维，新能源公司通过派驻专业人员来解决用户供配电设施管理混乱的局面。但是始终无法迅速打开市场。

例如，广盈新能源公司在向无锡市永凯达齿轮有限公司介绍此项业务时，该公司电气负责人王工提出："我们企业原本三个电工，还兼职水电工，你们这个服务的确专业，但是对于我们企业并没有降低成本，我们可能还需要考虑一下。"几乎每一个用户都会提出这样的疑问，潘湧涛和李向超对此现象进行了原因分析：一是客户对于电力设备运行维护的重要性主观认识不高；二是广盈新能源公司的推广方式单一，缺乏个性化的定制；三是广盈新能源公司的价格没有达到用户的预期。

## 客户的痛点是什么？

在经过了两个月的推广后，市场反响并不是很好。2017 年 3 月初，团队召开推进会，负责人俞娜燕要求团队成员反思服务的初衷，有没有站在客户角度思考，有没有充分调研市场，找准客户的痛点。

负责人的话让潘湧涛和李向超开始反思，思考客户的痛点究竟是什么，他们在经过调研后发现，客户主要有两大痛点，一个是企业降本增效，另一个是保障企业可靠安全用电。

李向超作为项目实施的负责人向营销部的潘湧涛建议："现在我们的推广模式并没有体现广盈电管家中智慧的方面，市民中心的代维托管运行两个月来，我们还是依靠人工在做运行管理，我们是否可以考虑推广少人值守或者无人值守的模式，运用智能化的技术手段，这样企业减少用工成本，我们也可以提高效率，就是不知道现在的企业接不接受这种新鲜事物，或者怎么才能让他们接受？"

“你这个建议可以，我们可以先做个市场调研，利用我们强大的客户资源，调动我们的客户经理、供电所的人员去企业做充分的市场调研，去找准客户的痛点和客户的意愿，为我们市场推广提供切入点。”潘湧涛说道。

两个人一拍即合，随即制定调研方案，下方各分部及供电所进行市场调研。

## 找准切入点，建立商业模式

汲取了上一阶段的教训，李向超和潘湧涛通过各分部和供电所向用户分发调查问卷等方式进行了充分的市场调研，发现对于规模以上企业，他们对于企业缩减用人成本这一点还是很看重的，了解到市场的潜在需求很大后，两人开始着手打造“广盈电管家”平台，来提升供电增值服务。具体分为以下四个部分：

### 1. 如何利用技术手段提高运维精准度及效率

团队人员在激烈讨论后决定开发基于“云平台 + 运维小哥 APP+ 客户管家 APP”的“广盈电管家”平台。通过构建客户设备与运行监测、精准运维与代管服务、专业化与定制化服务的全覆盖信息集成体系，实现监测预警、快速响应、精准服务、全方位监控、集成方案设计等面向客户的全业务支撑服务。

其中云平台助力企业降本增效，减少人工，改变传统的运维模式，依托云平台实现无人值守，在线监测。运维小哥 APP 可实现变电站的远程监测、资产设备查询、团队管理、排班管理、巡视管理、地图定位、能效分析、报警处理等功能，提高运维速度与质量。客户管家 APP 实现用户对自身设备的状态查看、运维过程的跟踪、对服务质量的评价以及接收用能报告及相关建议，并可实现用户需求的采集与办理。

“广盈电管家”平台将提供用户侧细颗粒度、多维度的外部数据，与内网营销系统、采集系统、在线监测等系统数据进行交互，相辅相成，将数据价值最大化。平台遵循“一平台、模块化、微应用”的设计原则，一平台指依托统一的大数据云平台，对各类数据和功能进行统一管理；模块化是指系统各功能节点以模块形式搭建构成；微应用是指各应用间松耦合，可根据客户需求自由组合各类微应用，提升应用灵活度，体现“智能互动、开放融合、能力共享、灵活扩展”的互联网＋特性。

### 2. 如何针对不同用户制定个性化的服务方案

在营销部的牵头下，团队邀请了平时直接面对客户的客户经理、用电检查员、客户代表等进行充分探讨，广泛听取意见。团队设计了基于“普惠服务＋精准服务＋增值服务”的“广盈电管家”服务方案。

基于“广盈电管家”平台开发与应用，结合重要客户供电服务内容体系剖析与拓展创新，团队提出重要客户主动供电服务与互动响应新模式。

利用供电企业传统的优势开展电力客户的代维业务，将优质、高效、科学的服务理念通过服务方案传播给用户；建立代维客户信息库，实现运维工单的精准触发，并对签约用户进行分级，针对大客户及优质客户建立相应的VIP 服务，享受附加的增值服务以及一对一的能源管家服务。并通过大云物移技术帮助用户实现能源数据的精准监测，提醒用户优化用能习惯，实现节能管理。通过云服务平台的大数据分析与挖掘（云计算），线上发现节能需求，对接线下节能改造服务，提高用户电能使用的经济性，拓展增值服务。

另外以“服务产品化、产品多元化”为指导，整合内部优势资源，使得综合能源服务生态链中的各方价值实现增值。

产品形成的过程，是服务的产品化过程。通过改变能源基础服务、节能服务、清洁能源开发服务、能源金融服务等生产方式，将其过程变得像产品制造一样，把服务的内容分解并标准化，再根据产品市场的原则，把综合能源服务系列产品交付给客户。客户通过与平台的互动，可以下单任意服务产品。

服务的形成过程，则又是产品服务化的过程。通过将一系列的产品与服务融合，在产品生产的过程中，更体现客户需求，让客户参与和体验，切实了解客户期望，不断与产品融合、提升、再融合、再提升，从而促进产品的迭代升级。客户可以通过平台实时接收相关产品的推送与体验，并可通过 APP 进行一键下单。

### 3. 在对用户服务的过程中，如何统筹公司内部技术优势以及高效协作

李向超作为项目实施单位的人员，考虑后期服务客户的具体流程，协同配电、变电、电缆等专业部门的技术骨干探讨了相关业务的开展流程。打造基于“客户为中心 + 安全为约束 + 高效为目标”的业务流程体系。

打破传统被动抢修管理模式，加强重点客户运行监测与预警诊断，实现周期性安全排查与检测。依托“广盈电管家”平台，构建“智能响应 + 高效调配 + 远程监控”的一体化、集成化抢修流程体系。建立以客户为中心的能效监测评估及增值服务定制化管理模式。

以客户为中心，充分考虑客户需求与实际情况，提供专业的能源管理建议，为用户量身定制差异化的能源服务。以安全为约束，通过智能化的监测手段，摒弃传统的人工模式，依靠物联网技术与互联网 + 云平台，实现安全隐患的自动监测与上报，保证用户能源系统的安全可靠。以高效为目标，组建专业化运维队伍，实现信息共享互通，将客户的变电所、光伏电站、充电桩纳入统一运维业务范围，并实现网格化运维服务资源，快速服务运维需求，形成前端快速响应，后端支撑有力的运维管理新机制。

### 4. 如何提升供电增值服务

传统的代维业务开展后，怎样为用户探索一些新的效益增长点呢？团队在充分结合未来的电力发展构想及技术规划后，构建了基于“集成 – 高效 –

互动”的“源 – 网 – 荷 – 储”智慧能源大数据服务体系。

面向以分布式能源集成开发利用为重点的未来智慧能源体系，以双侧随机互动响应为发展特色，以高效精准运维服务为支撑，实现“源 – 网 – 荷 – 储”的智慧能源体系协同发展。应用“广盈电管家”云平台及大数据挖掘技术，为分布式能源接入、用户实时互动、电网高效响应等关键技术提供支撑。

平台与传统电力行业全寿命周期中的发、输、变、配、售等环节使用的系统形成互补，延伸至能源的全寿命周期，补充以清洁能源发电、虚拟电厂，辅以能源交易、能效服务、储能等功能，完善能源全寿命周期管理。以客户为中心，为客户提供“省心、省事、省钱”的能源管家服务，同时提供分布式光伏、智慧建筑、微电网、节能改造、多能互补和需求侧管理服务，汇集能源数据，构建现代能源服务体系。

### 市场拓展成效明显

2019 年底，无锡供电公司营销部召开了“广盈电管家”平台的推进会，通过现场解说、经验分享、客户手册发布等形式，将广盈电管家这一品牌全面推向社会，收到了很好的效果。当年度就签订用户 110 户，累计为用户缩减成本 500 万元，并进一步提升了用户的供电可靠性和用电满意度。

## 案例成果

通过“广盈电管家”项目开发应用，无锡供电公司面向重点客户，提供全方位服务，为供电企业转变服务理念、变革管理模式、构建服务体系提供借鉴与指导，也进一步推动公司从单一的电能供应商向综合能源服务商进行转变，主要取得以下成果：

### 1. 经济效益提升明显

供电代维服务市场空间巨大，企业对专业化、集成化、高效化的供电代维服务需求日渐提升。因此，依托企业专业化、集成化的装备与技术，实现面向客户专业化需求与智慧服务管理的转型具有非常大的市场发展空间和经济效益。项目实施以来，共签订用户代维合同 110 份，累计为用户缩减成本 500 万元。

### 2. 管理效益成效显著

基于“广盈电管家”系统的开发与应用，运维抢修服务效率显著提升，客户服务体验满意度显著增强，供电服务业务领域不断拓展，企业管理创新与合作交流不断深化。通过智慧电管家业务的开展，公司先后为用户开展了能效分析、节能改造、能源托管等增值服务。

### 3. 社会效益成果突出

应用面向用户需求与供电服务共赢发展的新理念，打造支撑“多能互补与节能增效”的创新发展新平台，为重点用户能效监测与评估、节能方案设计等定制化需求，提供了专业化数据分析支撑与技术支撑，带来了显著的节能减排效果。

## 案例思考题

（1）通过本案例，你认为应该如何开发新的综合能源服务的商业模式？

（2）通过本案例，俞娜燕团队的做法带给你哪些启发？如何进行市场化业务的拓展，提升市场份额，可以挖掘我们的哪些有效竞争优势？

## 案例启示

电力体制改革的推进，“大数据、云计算、物联网、移动互联”等全新技术的发展应用，为供电服务体系开创新与内容拓展提供了引领与支撑，无锡供电公司构建“广盈电管家”系统平台，对提升供电增值服务管理工作具有重要意义。本案例从电能供应向能效提升服务转变，统筹指导供电服务分部拓展综合能源服务的实践中总结了业务功能创新 + 管理模式 + 合作开发三方面创新（见图 2），供读者借鉴和参考。

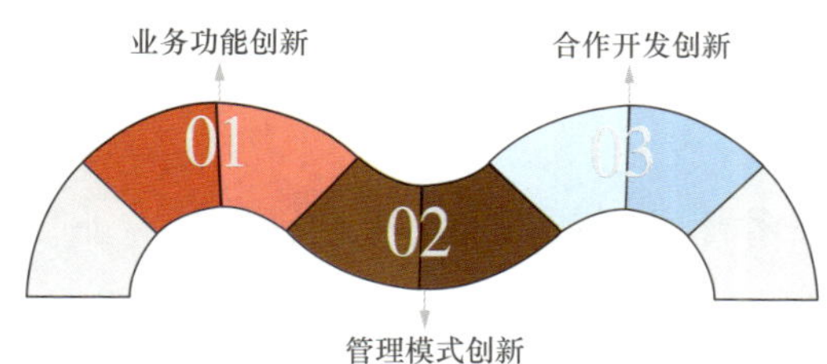


图 2　提升供电增值服务三创新

### 业务功能创新方面

一是开发了基于“云平台 + 运维小哥 APP+ 电力管家 APP”的“广盈电管家”系统，使供电服务更主动、更高效、更交互、更智能，管理效率显著提升。二是建立了基于“普惠服务 + 精准服务 + 增值服务”的服务体系，增强了客户贴心服务新体验。三是建立了“智能响应 + 高效调配 + 远程监控”的抢修服务新模式，提升了客户安全服务新感受。四是全方位提供能效分析、节能改造、多能互补规划、需求侧调节等增值服务，构建了共赢发展模式。

## 管理模式创新方面

一是结合创意开发与应用，实现业务管理与内外部资源高度融合，提升电力营销与运维服务管理集成，实现企业资源与用户需求高效优化配置。二是实现信息传递与价值挖掘高效融合，重视用户用电信息与运行信息价值挖掘，实现用户需求与供电服务信息集成对接。三是实现客户需求与供电服务共赢发展理念融合，打破传统碎片化、模糊化、功利化的服务认知意识，引领供电服务智能化发展新思路，实现供电服务双向互动。

## 合作开发创新方面

一是重视项目技术开发创新与推广应用，依托专业化技术支撑，构建面向未来智慧能源体系的合作平台，为创意的设计研发、实施应用、合作与交流及示范推广，提供了全方位的支撑。二是经营模式转变与创新，显著提升了公司技术创新能力与市场竞争力。

# 新技术驱动好服务　多举措共创好口碑
## ——淮安供电营业部服务管理优化提升实践案例

**所属类别：**

能源服务

---

**案例摘要：**

以“互联网 +”和“大云物移”为代表的现代信息技术迅猛发展，对社会生活方式、生产组织方式、市场商业模式产生深刻甚至颠覆性影响。近年来，国网江苏省电力有限公司淮安供电分公司淮安供电营业部在信息化建设与应用方面取得了明显的进步，但信息壁垒、多源输入等问题尚未完全解决，制约着信息化水平和管理效率的提升。本案例以淮安供电营业部 10kV 线路停电造成上千户用户停电而没有发生一起 95598 投诉为切入点，阐述淮安供电营业部供电服务工作中充分运用“互联网 +”技术，以信息驱动业务、数据管理企业，促进资源集约、专业贯通、末端融合等做法提高供电服务质量，提升管理工作效率，降低淮安区投诉率的实践。

---

**案例关键词：**

互联网 +　投诉率　集约管控

# 案例背景

## （一）事件背景

供电服务是电网企业的最重要的工作之一，它贯穿于安全生产、营销服务、电网建设、电力调控、综合管理的各个环节和部门，是电网企业综合管理水平的重点体现。近年来国家电网公司提出：健全客户工单统一受理、一体化抢修工作模式，优化供电服务管理，发挥各专业部门的管理职能，充分协同，形成合力，压降投诉率，提升服务管理水平。2016 年全年淮安供电营业部总投诉 228 起，其中供电线路停电类投诉 109 起，占比 47.8%，相比服务类投诉、营业类投诉、电网建设投诉，因供电线路停电而引发的投诉数量最多、占比最高，一年中平均每三天发生一起因供电线路停电而引发的 95598 投诉。针对供电投诉，淮安供电营业部集思广益，开展了一系列压降 95598 投诉的工作。

## （二）人物信息

党建部：营销服务工作的分管部门，由党委书记王书记直管。王书记十分重视营销工作，尤其是客户服务等重点工作，属于授权型领导类型。

营销服务室：负责服务全区的供电业务，由营销副总汪总直管。部门主任陶根，多年来从事营销管理工作，有丰富的营销工作经验，非常重视供电服务工作。副主任黄婧，压降投诉工作的牵头人，积累了丰富的营销工作实践经验。

配电运检室：负责全区 10kV 运行维护、故障抢修等工作。部门主任任智，从事配网工作多年，具有较强的组织协调能力。

供电服务指挥中心：负责全区电力故障抢修、电力服务督办。中心负责人袁阳，作为营业部青年骨干，思维灵活，主要负责协调处理供电服务指挥中心事务。

## 案例内容

### 由指标分析会迸发的工作思路

2017 年 2 月 2 日，淮安供电营业部营销服务室召开营销专业工作指标分析会，王书记、汪总、陶根、黄婧、任智、袁阳以及相关专职参加会议。会上，汪总传达国网江苏省电力公司（以下简称国网江苏电力）关于 2017 年压降投诉量的相关要求，要求 2017 年投诉量相比 2016 年下降 40%。

为更好完成国网江苏电力提出的 2017 年压降投诉的指标要求，营销服务室陶根首先针对 2016 年淮安区优质服务指标进行了深入分析：“2016 年全年淮安供电营业部总投诉 228 起，其中供电线路停电类投诉 109 起，占比 47.8%，相比服务类投诉、营业类投诉、电网建设投诉，因供电线路停电而引发的投诉数量最多、占比最高，一年中平均每三天发生一起因供电线路停电而引发的 95598 投诉。要想降低总投诉量，减少线路停电投诉尤为重要。”

“压降线路停电投诉，首先要从根本上降低线路停电次数，提高供电可靠性。”配电运检室任智提出了自己的想法。

“没错。对营销专业来说，也可以发挥我们的客户信息资源及互联网平台的作用，更好地做好客户精准服务及沟通安抚工作。”营销部黄婧补充道。

“压降线路停电投诉需加强营销配网工作衔接、配合，加强营配联动，要从压降停电率和做好客户沟通两大方向入手，由营销、配电专业分头开展，由供电服务指挥中心加强统筹指导，共同推进供电服务质量再提升。”王书记最后总结道。

会议后，淮安供电营业部正式确立了服务管理优化提升项目，成立了专项工作小组，借助团队力量一起开展。项目结项时间为 2017 年 12 月底，项目具体推进任务交到了黄婧与任智的手上。

## 结合互联网 + 技术，多方入手确定工作方向

在接到任务后，黄婧和任智着手安排前期调研分析工作，并就工作开展方向多次召开分析讨论会，大家集思广益，拓宽思路，运用“头脑风暴法”明确了工作总体思路。

营销专业立足营销应用系统及“互联网 +”平台，充分利用大数据分析技术，实现客户的基本属性、用电行为、重要程度、服务敏感度等系列标签集成，帮助筛选敏感客户群，通过“线上 + 线下”方式丰富与客户的信息交互渠道，打通信息壁垒。配电专业立足专业管理，将综合检修管理理念融入日常检修巡检工作中，从对停电计划的精细化管控到配网运行情况进行全口径分析，提高供电可靠性，从本质上避免频繁停电导致投诉的现象出现。

## 明确方向，营销同志撸起袖子加油干

在明确工作思路后，黄婧便发动客户经理、用电检查工作人员积极开展大数据分析挖掘，通过集成各方系统的客户负荷性质、用电地址、供电设备台账、设备健康状况等静态数据，以及相关的用电量、电压质量、负载、供电设备故障、缺陷等动态数据，以“标签库”的形式搭建大数据模型，建立客户的基本属性、用电行为、重要程度、服务敏感度等系列标签，形成客户

画像。在服务过程中，供电服务指挥系统自动向工作人员推送客户标签，提高客户分级精准服务能力。

### 1. 建立敏感客户群

按客户标签，结合 95598 电话拨打频次、报修、投诉等分类，自动建立敏感客户群，一旦受理敏感客户报修（电话），第一时间派发并督促相关人员立即处理相关诉求，及时与客户沟通。每月将重点敏感客户相关信息发送至营销部门，由客户经理主动与其沟通，了解服务需求，提供主动服务。

### 2. 建立重要客户及楼盘住宅小区档案

按负荷重要性质，建立高压客户健康档案，实施所有专变、二级以上重要客户及楼盘住宅小区的电能质量、停电事件等情况集中监测。

### 3. 每季度召开“小区物业管理人员座谈会”

部门每季度召开“小区物业管理座谈会”（见图 1），各专业负责人与小区物业人员充分沟通，了解居民实际用电需求，深入调查供电服务满意度。同时请

图 1　淮安供电营业部与小区物业管理“心连心”服务座谈会

物业人员在小区的业主群帮忙做好用电宣传工作，树立供电公司的正面形象。

### 4. 建立小区客户经理制

将淮安区所有小区按地址划分，分成东、南、西、北四个片区，每个片区都安排一个专属的客户经理，制作客户经理名片在小区宣传、张贴，增加用户的沟通渠道。客户经理联系卡如图 2 所示。

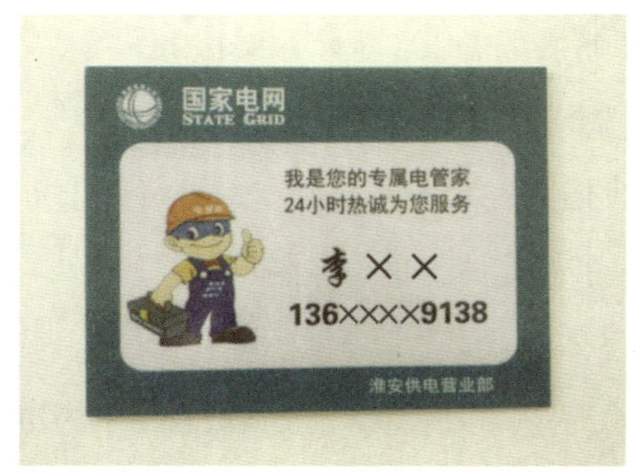

图 2　客户经理联系卡

## 配网同志不甘示弱，专业管理下功夫

在接到任务的一个月后，项目组召开工作推进会，在会上黄婧、任智分别汇报了工作进度，黄婧这边工作开展地如火如荼，汇报起来自是滔滔不绝，而任智这边亦是不甘示弱。在接到任务后，任智就在思索如何能将停电率降低，这类问题地解决并不能一蹴而就，而是首先要从专业管理上下功夫，他将工作分为三部分开展：

一是强化对停电计划的精细化管控，有效杜绝因停电计划安排不当造成的频繁停电。每两个月核实主（支）线停电计划和故障停电次数，以及报修工单信息，对客户感知停电次数超过 3 次的计划不予安排；执行检修停电“三不准”制度，即施工方案未编制不列入月度计划，施工方案未审查不列入周计划，施工方案未批准不列入日计划。

二是认真推行综合检修管理理念。明确 10kV 及以上线路单次停电超过 30h 的综合检修方案须上报审查。建立综合检修协作机制，两个作业点以上的线路综合检修跨片区调动人员完成，两个站以上的综合检修跨部门调动人员完成。

三是深入开展全口径配网运行和供电服务情况分析。每月对全口径的配网运行异常开展分析，分地域、运维单位、产生原因、发生频度等多维度进行深入分析，对于故障报修工单集中地区，深入分析停电原因，下发督办单要求制定针对性中低压改造计划。在迎峰度夏、迎峰度冬等时段编制专题分析报告，对相关单位改进运维质量及加强配网建设改造等工作提出具体措施和建议，从根本上解决频繁停电、低电压等影响客户用电感知的突出问题。

## 埋头苦干可不够，工作联动需加强

光是埋头苦干也不行，部门之间还要做好业务衔接、工作沟通。袁阳通过柔性组织供电服务指挥中心开展跨专业、跨部门、跨层次的停电抢修、服务工单协同工作，打破专业壁垒，营销、运检、基建、物资、其他相关专业高效协同，优化停电抢修、服务工单的协调节点至供电服务指挥中心。

对故障抢修，供电服务指挥中心通过对停电故障的研判，按照其停电时长、涉及范围、影响程度、影响客户重要等级等因素，采取不同的协同方式：

### 1. 针对一般性停电故障

供电服务指挥中心通知运检开展抢修，同时运用指挥平台自动短信通知营销客户经理，协同第一时间通过短信、微信、电话与客户沟通，做好在线答疑及解释工作。

### 2. 针对抢修时长较长的故障

供电服务指挥中心发布停电信息，通知运检组织抢修，同时运用指挥平台自动短信通知营销片区主任、办公室、新闻中心等，协同营销与客户做好沟通解释；协同办公室、新闻中心参与联动，缓解客户因停电引发不良情绪，为现场抢修人员营造良好抢修氛围。

### 3. 针对大面积停电故障

供电服务指挥中心发布停电信息，运用指挥平台启动多专业协同，一是运检组织抢修；二是上报市安监部启动应急机制；三是办公室和新闻中心联系新闻媒体，通过统一组织、编发通稿形式，将故障原因、抢修进度及恢复时间做统一发布；四是营销客户经理第一时间通过多种方式与客户沟通，对重要客户采用电话、上门服务的方式，做好在线答疑及解释。

### 4. 针对欠费停电

营销部严控欠费停电户数，每日上报欠费停电计划至供电服务指挥中心，平台自动研判，欠费停电工单中心实现工单精准派发。供电服务指挥中心协同指挥抄表专业按照“一次派工、一次修复”原则，承担营销非工作时间段现场复电任务。

对服务工单，供电服务指挥中心通过对工单类型、处理时限、重要程度、影响范围、影响客户重要等级等因素，采取类似的协同处置。供电服务指挥中心的服务处置全协同联动，通过微博、短信、微信、电话等方式对社会发布、并告知重点用户，实现服务处置从“事后响应、被动处理”变为“事前控制、主动抢修”，基本达到“把问题解决在客户感知之前”。

## 成果初步显现，经验总结再提升

经过前期的努力，全区的客户服务及供电质量得到了大幅度的提升，但一些因为不可抗力导致的停电却无可避免。2017 年 9 月 14 日，由于 10kV 阳光线遭建筑工地挖掘机破坏导致故障，书香门第、阳光现代城等 6 个小区，数千户停电，但本次停电没有发生一起投诉事件。黄婧、任智一边为此次故障停电 0 投诉欣慰不已，一边对本次故障停电中收获的经验进行总结归纳，为故障停电中抢修及客户服务建立常态化处理机制。图 3 为抢修处理得到客户好评。

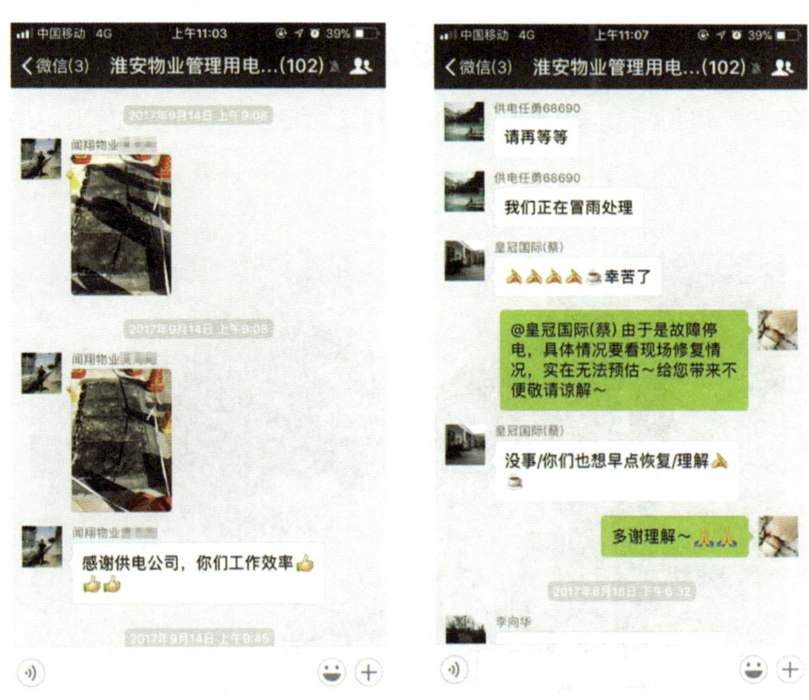


图 3　抢修处理得到好评

### 1. 多渠抢修处理道受理客户服务诉求，畅通服务接入

拓宽客户诉求获取渠道，打造一条前端触角敏锐、后端高度协同的服务链，实现客户需求与企业资源的快速匹配。指挥中心除接收国网客服中心 95598 工单，还注重收集地方政府热线、营业窗口、行政值班、媒体等渠道接收的客户诉求；将可能造成客户诉求的配网运行异常（如停电、过

载、低电压等）纳入供电服务事件范畴；充分采用网站、微博、微信、APP等渠道，快速准确获取客户智能用电和多元化需求。将这四个渠道获取的需要后端业务部门处理的客户诉求，统一形成服务工单，派发至相应部门人员，通过短信、APP、微博、微信及现场服务等多样性服务方式为客户提供精准服务。

## 2. 建立快速抢修体系

通过修订和完善客户报修抢修服务制度，明确工作人员岗位职责，提高应急抢修技能，加强抢修值班纪律，建立健全抢修服务网络；增添抢修装备，提高查找和判断故障的能力，缩短到达时间，降低抢修时限。图 4 为抢修现场。

图 4　抢修现场

## 3. 建立评价考核全覆盖追责

建立覆盖全业务、全环节、全岗位、多专业的考核追责机制。对受理的各类工单进行汇总分析，针对服务事件的多发类型和客户反映强烈的问题，均制定了详细的考核条件，明确责任部门、关联部门和当事人、联责人、管理人的考核责任，根据服务事件暴露问题的严重程度进行不同等级地考核，特别加重对于因主观原因造成的服务事件的考核力度，并将涉及电网建设的建设部也纳入考核范畴，实现供电服务考核的多专业覆盖。供电服务指挥中心以月为频度统一发布供电服务事件的考核意见，并监督执行。同时，按照同业对标考核体系、企业负责人考核体系“双轮驱动”的管理理念，按照一体化管理要求，针对供电服务关键指标，采取日跟踪、周通报、月考核的手段严格管控。

## 案例成果

通过近一年的淮安供电营业部服务管理优化提升实践探索，淮安营业部投诉率大大降低，2017 年全年较 2016 年相比，投诉总量下降了 50.4%，其中供电线路停电投诉量下降了 89%，10kV 供电线路停电次数下降了 60%。此外还取得了以下成果：

### 1. 与客户之间的互动沟通得到显著加强

通过加强与客户之间的沟通交流，打破了信息壁垒，有效消除淮安供电营业部与客户之间的信息不对称、渠道不顺畅等问题，使与客户之间的互动沟通更加顺畅。根据调查而来的客户数据，结合运营分析工作机制中的客户满意度指数模型，找出了淮安供电营业部供电服务中存在的问题，通过健全服务协调、服务监督、专项督办和服务考评四项保障机制，闭环管控服务问题等方式，有效提升服务管控能力，使得客户满意度得到提高。

### 2. 优质服务水平得到有效提升

通过深入分析客户需求，及时掌握客户当前各项数据以及未来目标，真实了解各类客户当前对新能源、备用能源、备用电源等需求情况，及时淮安供电营业部行为对客户造成的不良影响，满足客户多样化、个性化的需求，实现淮安供电营业部客户服务水平的持续提升。同时，还能为配电网规划、能源分布等重点工作的运营分析和决策提供支撑，适应电力市场的发展。

### 3. 内外部数据得到有效关联

以大数据分析方法为手段，从所收集到的客户外部数据中深入挖掘到淮安供电营业部在供电服务等方面的不足。淮安供电营业部通过分析这些不足，重点关注涉及这些客户问题的内部运营指标完成情况，挖掘客户服务工作面临的主要问题，从而实现了内外部数据的有效关联。通过客户视角与现有运营分析工作机制的有机结合，有效提升以往运营分析工作的针对性和科学性，达到深层次、高质量分析运营问题的目的。

### 4. 管理水平得到持续提高

为解决客户反映的停电时间问题，淮安供电营业部组织各相关部门开展调研，合理安排工作任务和作业时间，强化“一停多用”管理，避免重复停电。针对农网薄弱环节加强电网改造工程的实施。通过实地走访，发现淮安供电营业部 950 条客户现场实际接线方式与用电信息采集系统内对应信息不一致的情况，反映出营销业务应用系统之间基础档案信息的变更维护不及时，营销部针对档案信息问题及时进行了整改。淮安供电营业部 2017 年投诉下降率在江苏省排名前列，优质服务指标在各县区排名第一。

## 案例思考题

（1）通过本案例，你认为服务管理优化对于优质服务有何意义？

（2）通过本案例，黄婧、任智团队的做法带给你怎样的思考？你有没有其他思路？

## 案例启示

“优质服务是企业生命线”。想群众之所想，急群众之所急，不断提升服务质量和服务效率，是促进企业加强自身的竞争力和持续发展力的不竭动力。本案例提供了供电基层服务单位“服务管理优化提升的三个实践”，供读者参考和借鉴。

### 实践一：充分运用互联网技术

充分发挥互联网的优势，将“互联网 +”技术运用到日常的管理工作中，综合运用大数据分析与应用技术，将客户负荷性质、用电地址、设备健康状况等静态数据与用电量、电压质量、负载等动态数据相融合，以“标签库”的形式搭建大数据模型，建立客户的基本属性、用电行为、重要程度、服务敏感度等系列标签，形成客户画像并建立敏感客户群、重要客户档案等。将互联网技术与日常服务工作相结合，打造“线上 + 线下”服务新模式，有效消除与客户之间的信息不对称、渠道不顺畅等问题。

### 实践二：多维度建立管控措施

通过柔性组织供电服务指挥中心开展跨专业、跨部门、跨层次的协同工作，打破专业壁垒、优化协调节点，并从加强服务组织指挥体系建设、服务事件综合研判、专业间横向协同工作等多个维度，实施多项管控措施，通过运用新技术成功地解决了重点工作中的难点问题，实现营销、运检、基建、物资、其他相关专业高效协同。

## 实践三：建立全方位协调机制

建立“多渠道受理、多系统集成、总归口分析、资源全统筹、信息总发布、多专业协同、全闭环处置和全覆盖追责”的协同工作机制，破解供电服务现实难题，促进“事件预警、服务管控、资源统筹和快速响应”四种能力总体提升，达到对供电服务全业务覆盖、全流程指挥的集约化管理，从而实现不同专业管理精益化发展和供电服务水平的有效提高。